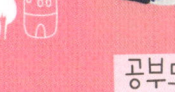

공부도 인기도 일등인
소녀가 되고 싶니?
깜찍 마녀와 요술 빗자루의
비밀을 지켜 준다면
네게만 살짝 알려 줄게.

지음 · 김은제

대학에서 역사를 공부하고 출판 편집자, 공연 기획자, 방송 작가 등으로 활동했습니다. 여러 직업을 통해 얻은 경험을 바탕으로 어린이 책을 쓰고 있습니다. 그동안 지은 책으로는 《탐정 고양이 미미》《세상에서 가장 예쁜 아가씨》《나는 꼬마 농부》 등이 있습니다.

그림 · 박경은

1999년 〈파티〉에 '큐어티의 보물'로 데뷔하였으며, 제2회 대한민국창작만화 공모전에서 단편 '천야연가'로 장려상을 수상하였습니다. 펴낸 책으로는 《깜찍발랄 은비의 오디션》《1% 특별한 재능 있는 아이 재능 없는 아이》《반짝반짝 예뻐지는 뷰티 센스》《블링블링 예뻐지는 날씬 다이어트》《아이 러브 나의 꿈 블링블링 헤어 디자이너》 등이 있습니다.

2015년 9월 30일 개정판 1쇄 펴냄
2016년 10월 20일 개정판 2쇄 펴냄

지음 · 김은제
그림 · 박경은

펴낸이 · 이성호
펴낸곳 · (주)글송이

편집/디자인 · 임주용, 최영미, 한나래, 권빈
마케팅 · 이성갑, 윤정명, 이현정, 김병선, 문헌곤, 조해준
경영지원 · 황용호, 최진수, 박민숙, 이인석, 진승현, 김남진

출판 등록 · 2012년 8월 8일 제2012-000169호
주소 · 서울시 서초구 능안말1길 1 (내곡동)
전화 · 578-1560~1 **팩스** · 578-1562
홈페이지 · www.gsibook.com

ⓒ글송이, 2015

ISBN 979-11-7018-134-7   74370
      979-11-86472-75-0   (세트)

*이 도서의 국립중앙도서관 출판시도서목록(CIP)은 서지정보유통지원시스템 홈페이지 (http://seoji.nl.go.kr)와 국가자료공동목록시스템(http://www.nl.go.kr/kolisnet)에서 이용하실 수 있습니다.(CIP제어번호: CIP2015025085)

안녕! 난 **깜찍 마녀**야.
외모도 귀여운데다 공부도 깜찍하게 잘해서
깜찍 마녀지. 마녀들이 무슨 공부냐고?
모르는 소리! **멋진 마녀**가 되려면 식물학, 동물학, 수학,
화학, 천문학, 역사 공부까지 할 게 엄청 많아.

한때는 나도 놀기만 하는 마녀들을 부러워했어.
하지만 그런 마녀들이 실수로 **독약**을 만들고, 주술을 실패해서
해를 끼치는 것을 보고 마음을 다잡았지.
'**세상을 깜찍하게 밝히는 마녀가 되려면 공부도
잘해야겠구나!**' 하고. 그래서 열심히 공부했냐고?
물론이야. 하지만 공부만 하지는 않았어.
똑똑한 공부법 덕분에 친구와도 신나게 놀고 멋진 취미 생활도
하면서 **일등 마녀**가 되는 데 성공했지.

내가 알아낸 **똑똑한 공부법**을 소개해 줄게.
소개만 받고 사귀지 않으면 커플이 안 되는 거 알지?
네 자신의 스타일에 맞게 실천해 나가면 나처럼
일등 마녀, 아니 **일등 소녀**가 될 거야.

1장
미리미리! 깜찍 마녀의 공부 준비

공부는 왜 해야 할까? · 12

공부를 안 해도 되는 사람은? · 15

공부를 하면 무엇이 좋을까? · 16

일등 스타일 VS 꼴찌 스타일 · 18

공부를 도와주는 긍정의 힘 · 20

IQ가 높아야 공부를 잘할까? · 23

우등생의 공부 비밀, 인내심 · 24

공부 집중력을 잡아라! · 28

공부의 싹을 틔우는 호기심 · 30

모든 것은 상상력으로부터! · 34

똑똑하게 논리적으로 생각해! · 38

공부 계획표 짜기 · 40

2장
매일매일! 깜찍 마녀의 공부 습관

스스로 하는 자기 주도 학습 · 44

책과 친해지려면? · 47

똑똑한 공부 단짝, 백과사전 · 52

우등생의 시간 관리법 · 54

우등생이 되는 수업 태도 · 56

전문 학원 VS 개인 과외 · 58

우등생의 좋은 습관, 메모 · 60

기초 학력이 먼저! · 62

한눈에 쏙쏙 필기 습관 · 65

성적을 올리는 교양 쌓기 · 68

공부보다 중요한 밥 · 70

공부보다 중요한 잠 · 71

공부가 잘되는 공부방 · 72

3장
차근차근! 깜찍 마녀의 공부 비결

내 성격에 맞는 공부법 · 76

주장이 강한 친구의 공부법 · 78

내성적인 친구의 공부법 · 84

모험심 강한 친구의 공부법 · 90

완벽주의 친구의 공부법 · 96

언제 공부하는 게 좋을까? · 102

국어는 독서다! · 104

독후감, 멋지게 쓰는 비결 · 108

수학은 이해다! · 110

영어는 자신감이다! · 116

과학은 호기심이다! · 120

사회는 체험이다! · 123

컴퓨터는 공부 방해꾼? · 126

스마트한 인터넷 학습 사이트 · 128

바보 상자? 똑똑 상자! · 130

미리 예습 VS 바로 복습 · 131

공부만큼 중요한 휴식 시간 · 132

음악을 들으며 공부할까? · 133

4장
자신만만! 깜찍 마녀의 일등 되기

똑똑한 시험공부 전략 · 138
시험 전에 준비할 것들 · 142
시험 보고 꼭 해야 할 일 · 144
공부가 쉬워지는 한자의 힘 · 146
한자를 쉽게 익히려면? · 149
공부에 도움이 되는 책들 · 152
논술을 잘하는 비결 · 154
토론을 잘하는 비결 · 157
서술형 문제를 푸는 열쇠 · 160
100점 맞는 문제집 활용법 · 162
매일매일 학습지 활용법 · 163
예술가가 되고 싶다면? · 164
스트레스 푸는 취미 생활 · 167
방학을 알차게 보내려면? · 168
하루에 몇 시간 공부할까? · 172
공부만큼 친구도 중요해! · 174
우등생의 비결, 자신감 · 176
자격증에 도전해 봐! · 178
우등생 소녀의 사춘기 · 180
어떤 직업을 선택할까? · 182

공부는 왜 해야 할까?

공부는 재미없어!   공부는 어려워!   공부는 지루해!

그래서

공부가 하기 싫어!

나 깜찍 마녀가 좋아하는 일은 스마트폰으로 다른 마녀들과 신나게 대화하기, 마녀 웹툰 보기, 진한 보랏빛 마녀 화장 하기, 인간들의 로맨틱한 사랑 드라마 보기……. 하지만 하루 종일 내가 좋아하는 일만 할 수는 없어. 공부도 해야 하니까.

나는 스마트폰으로 신나게 놀다가도 공부할 시간이 되면 스마트폰을 치우고 공부를 해. 이런 내 모습을 보고, 사람들은 내게 묻지.

"공부는 왜 해야 할까요?"

반대로 내가 물을게.

"공부를 하지 않으면 어떻게 될까?"

공부를 하지 않으면 어떻게 될까?

미국 할리우드 영화의 주인공이
되는 꿈이 있는데
공부를 하지 않으면……?
배우 오디션을 봤지만
영어를 못해서 떨어졌어.

노래 오디션 프로그램에 나갔어.
공부를 하지 않으면……?
작곡가에게 곡을 받았는데
악보를 읽지 못해 떨어졌어.

꿈에 그리던 만화가가 되었어.
공부를 하지 않으면……?
프랑스 혁명을 주제로 한 만화
기획 회의에 갔는데, 무슨
말인지 하나도 못 알아들었어.

아이코, 미리미리 공부를 해 두지 않아서 꿈을 이룰 수 있는 좋은 기회를 놓치고 말았네. 하지만 너무 실망하지 말고 지금부터 공부를 시작하자. 꿈을 이룰 기회는 우연히, 갑자기 다가와 충분히 준비한 사람에게는 오래 머물지만 아무것도 준비하지 않은 사람에게는 스쳐 지나가 버리니까.

공부는 우리 꿈을 이루기 위한 준비 과정이야. 공부를 열심히 하면, 우리는 과학자, 의사, 변호사, 디자이너, 선생님 등 원하는 것은 무엇이라도 될 수 있어.

상상해 봐, 꿈을 이룬 내 모습을…….

상상만으로도 마법의 요술 빗자루를 타고 나는 것처럼 정말 멋지지 않니?

내 꿈을 향해 go, go!

공부를 안 해도 되는 사람은?

"난 공부 안 해도 돼요. 연예인이 될 거거든요."
"난 화가가 될 거예요. 그림만 잘 그리면 돼죠."
가끔 이렇게 말을 하는 친구들이 있어. 꼬마 마녀들도 공부하기 싫을 때는 "난 마녀니까 공부 안 해도 돼. 마법만 잘 부리면 되거든."이라고 말하지. 하지만 모르는 소리! 공부를 안 해도 되는 사람은 아무도 없어.
운동선수도, 가수도, 댄서도, 마녀도 모두 공부를 해야 해. 자기 분야에 대한 공부, 생각의 힘을 키우는 공부, 마음을 다스리는 공부 등 우리 생활에 필요한 공부를 해야 꿈도 이루고 행복해질 수 있어. 그럼, 꿈을 이룬 후에는 공부를 안 해도 될까?
자신의 꿈을 지키기 위해서는 공부를 계속해야 해. 그런 공부는 마법처럼 더 나은 생활을 만들어 준대.

공부를 하면 무엇이 좋을까?

"공부를 잘하고 싶어요!"라며 소원을 들어주는 마녀 할머니에게 정성껏 빌었어. 마녀 할머니는 으스스한 목소리로 내게 물었지. "공부를 잘하면 뭐가 좋은데?" 곰곰히 생각해 보았어. 좋은 점이 많으면 공부를 더 잘할 수 있을 테니까.

1. 칭찬을 받는다.

공부를 잘하면 엄마 아빠에게 칭찬을 받을 수 있어. 덤으로 선물도 받을 수 있지. 어른들이 "공부 잘하니?"라고 물을 때마다 자랑스럽게 "네!"라고 대답할 수도 있고, 친구들도 나를 부러워할 거야.

2. 꿈을 이룰 수 있다.

공부를 잘하면 내가 원하는 것을 할 수 있는 기회가 많아져. 내 꿈을 이루는 데에도 많은 도움이 될 거야. 내가 원하는 학교에 갈 수도 있고, 내가 바라는 직업도 가질 수 있어. 내가 하고 싶은 것을 할 수 있는 밑바탕을 마련하는 거야.

3. 문제 해결 능력을 높일 수 있다.

공부를 잘하면 어려운 문제를 해결할 수 있어. 무인도에 혼자 떨어져도 구조될 때까지 살아남을 수 있지. 먹을 수 있는 풀과 물고기를 구별할 수 있고, 먹을 물도 만들 수 있을 테니까.
수학 셈을 잘하면 거스름돈을 덜 받아 손해 볼 일도 없겠지?

4. 앎의 즐거움을 느낄 수 있다.

다양한 책을 읽으면, 나보다 먼저 살았던 사람들의 훌륭한 말과 경험, 생활의 지혜를 배울 수 있어.
이런 앎의 즐거움은 내 생활을 더 풍요롭게 만들고, 자신감을 한껏 높여 줄 거야.

아하! 바로 이거야!

일등 스타일 VS 꼴찌 스타일

나는 일등 스타일일까, 꼴찌 스타일일까?

| 일등은 숙제를 끝내 놓고 신나게 놀아. | **Vs** | 꼴찌는 신나게 노느라 숙제 할 시간이 없어. |

| 일등은 교과서와 학교 수업을 중심으로 공부해. | **Vs** | 꼴찌는 문제집을 꼬박꼬박 사지만 거의 풀지 않아. |

| 일등은 모르는 문제가 나오면 책을 찾아봐. | **Vs** | 꼴찌는 모르는 문제를 보면 배운 적 없다며 선생님을 원망해. |

공부를 도와주는 긍정의 힘

공부 의욕은 참 이상해. 으싸으싸 불타오르다가도 조금만 어려운 문제를 만나면 금세 시들어 버려. 하지만 새클턴과 같은 긍정적인 마음이 있다면 남극 탐험만큼 어렵고 지루한 공부도 얼마든지 할 수 있어.

희망을 잃지 않은 탐험가

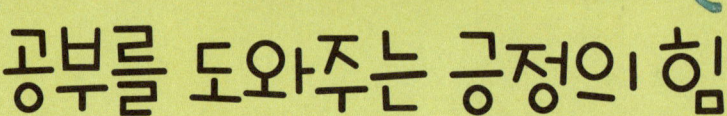

1915년 1월 18일, 탐험가 새클턴과 스물여덟 명의 선원들은 인듀어런스호를 타고 남극을 탐험하고 있었어. 그런데 배가 그만 거대한 얼음 덩어리 속에 갇혀 가라앉게 되었지. 선원들은 눈물을 흘리며 생애 마지막 기도를 올렸어. 하지만 선장 새클턴은 포기하지 않았지.
"우리는 꼭 살아 돌아갈 것이다! 나를 믿고 따르라!"
새클턴은 배를 버리고 선원들과 함께 탈출했어. 그들은

혹독한 추위와 굶주림과 싸워야 했지.
선원들은 이제 정말 죽는구나 생각했대. 하지만 새클턴은 여전히 포기하지 않았어.
"우리는 반드시 구조된다!"
새클턴은 선원들을 두 조로 나누었어. 한 조는 자신과 함께 구조대를 찾으러 가고, 다른 한 조는 그곳에서 기다리도록 한 거야.
새클턴은 남은 선원들이 희망을 잃을까 봐 떠나기 전에 수없이 일렀어.
"절대로 포기하지 마라. 나는 구조대와 함께 반드시 돌아온다."
새클턴은 몇몇 선원들을 데리고 남극의 험한 날씨를 이겨 내며 구조대를 찾으러 갔어. 그렇게 해서 무려 537일 동안 남극의 추위와 싸운 새클턴과 선원들은 단 한 명도 죽지 않고 모두 구조되었대. 교통이나 통신 시설이 지금보다 훨씬 떨어져 있던 당시에는 기적 같은 일이었어.
이 기적을 일으킨 힘은 새클턴의 긍정적인 마음과 태도였지.

긍정적인 마음을 키우려면?

1. 내 장점 찾기
다른 사람보다 뛰어난 나만의 재능이 분명 있어. 아주 작은 것도 놓치지 말고 내 장점을 적어 봐.

2. 긍정적으로 생각하기
수업 시간에 준비한 발표를 망쳤다면 실망하지 말고 '다음에는 더 잘할 거야.'라고 생각해 봐. 또 누가 너에게 "넌 왜 그렇게 굼뜨니?"라고 말한다면 "나는 마음이 참 여유로워."라고 긍정적으로 말해.

3. 내 실수 인정하기
누구나 실수는 할 수 있어. 실수했을 때 무조건 남을 탓하기보다는 자신의 실수를 인정할 줄 알고, 다음에는 같은 실수를 하지 않도록 노력하면 돼.

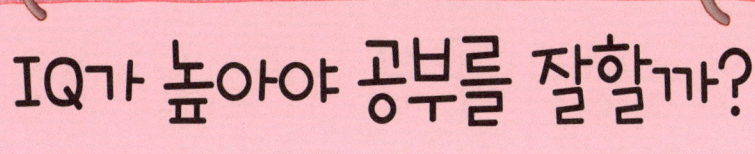

IQ가 높아야 공부를 잘할까?

나 깜찍 마녀의 IQ(지능 지수)는 2400이야. 엄청 높다고? 천만에. 마녀들의 평균 IQ는 2500이거든. 난 평균 미만이지만 평균 이상으로 공부를 아주 잘해.
IQ가 높으면 기억력이 좋아서 공부에 도움이 되는 건 사실이지만 보통 수준의 IQ만 돼도 학교 공부 정도는 누구나 잘할 수 있어. 학교 공부는 IQ보다 성실한 수업 태도와 다양한 분야의 독서, 풍부한 호기심 등이 훨씬 중요하거든.
그래서 IQ가 높아도 공부를 못하는 학생이 있고, IQ가 낮아도 잘하는 학생도 많아. 유명한 물리학자 아인슈타인도 세계에서 가장 IQ가 높았지만 학교 성적은 별로였대. 역시 IQ와 공부는 큰 상관이 없지?

내 아이큐는 2400이야. 놀랍지?

우등생의 공부 비밀, 인내심

마녀 세계에서 내 별명은 '똑똑 영재 마녀'였어. 마녀 학교를 다닐 때 요술 빗자루 타기에서 항상 일등을 했거든. 하지만 인간 세계에 와서 공부를 하려니 처음에는 무지 힘들었어. 그 이유는 인내심이 부족했기 때문이었지. 나는 요술 빗자루 타기나 마법 용어 끝말잇기 게임처럼 좋아하는 일은 아주 오랫동안 할 수 있어. 하지만 인내심은 꼭 해야 하는 일이라면, 어렵고 지루해도 꾹 참고 해내는 능력이야.

인내심은 하루아침에 뚝딱 생기지 않아. 학교나 학원에서 길러 줄 수 있는 것도 아니고. 내 머리와 내 몸을 연습시켜서 스스로 길러야 해. 별로 어렵지는 않아. 인내심을 길러 주는 좋은 습관을 알려 줄 테니, 오늘부터 실천해 봐.

꾹꾹 잘 참는 인내심을 기르려면?

인내심은 괴로움이나 어려움을 참고 견디는 마음이야. 지루한 공부를 포기하지 않고 꾸준히 하려면 인내심이 필요해. 인내심을 기르기 위해 어떤 습관을 길러야 할까?

1. 의지를 갖는다.
무조건 남을 따라 하지 말고 내 생각대로 행동해 봐.

2. 계획을 세운다.
무리한 계획이 아닌 실천 가능한 계획을 세우고 꼭 실천해. 계획을 지켰다면 스스로를 칭찬해 줘.

3. 언제 어디서든 집중할 수 있는 연습을 한다.
뭔가에 집중하는 데 방해되는 것들을 무조건 치우거나 피하지 말고 그것들 사이에서 집중하는 연습을 해 봐.

4. 긍정적이고 여유로운 마음을 갖는다.
마음이 차분해지면 집중력도 높아지고 인내심을 기르는 데 도움이 될 거야.

인내심이 부족한 친구들의 해결 방법

1. 자꾸 밖에 나가서 놀려는 친구

종호는 한 시간 동안 공부하고 밖에 나가서 친구들과 놀기로 엄마와 약속을 했어. 하지만 친구들과 놀고 싶어서 단 십 분도 공부에 집중할 수가 없었대. 빨리 나가고 싶어 몸이 들썩거렸거든. 종호는 발을 달달 떨고, 연필을 핑핑 돌리고, 낙서를 하며 한 시간을 보냈어. 한 시간 동안 책상 앞에 앉아 있었지만 공부는 하나도 못했지 뭐야.

⇒ 이렇게 해결해!

'수학 문제집을 두 장 풀고 나가서 놀자.'
공부 시간을 정하는 대신 해야 할 공부 분량을 정해 봐. 빨리 끝내고 나가서 놀고 싶은 마음에 집중이 더 잘돼 공부를 빨리 마칠 수 있을 거야. 그러면 마음 편히 놀 수 있어.

2. 좋아하는 동화책만 읽으려는 친구

영민이는 모험 이야기가 가득한 동화책 읽기를 좋아해. 모험 이야기에 빠지면, 주인공과 함께 모험을 떠난 것 같아 심장이 막 두근거리고 다른 일에는 신경 쓸 수 없어. 하지만 공부를 할 때는 도통 집중이 안돼서 걱정이야. 수학 문제 하나 풀고 상상 속으로 모험을 떠나거나 영어책을 읽으면서 공상에 빠지기 일쑤거든.

⇒ 이렇게 해결해!

'영어 공부를 한 시간 하면 동화책도 한 시간 읽자.'
공부 시간과 동화책 보는 시간을 똑같이 정해 봐. 공부를 마치면 공부한 만큼 좋아하는 동화책도 읽을 수 있다는 생각에 어려운 공부도 참고 할 수 있는 힘이 생길 거야.

공부 집중력을 잡아라!

책상 앞에만 앉으면 물이 마시고 싶다고? 나도 그래. 책상 앞에만 앉으면 요술 빗자루를 손질하고 싶어 손이 근질근질해. 평소에는 먼지가 소복하게 쌓여 있어도 신경이 안 쓰이는데…….

다들 그런가 봐. 공부를 하려고 하면 물도 마시고 싶고, 화장실도 가고 싶고. 해야 할 일들이 막 생각나는 거야.

겨우 마음을 잡고 수학 공부를 시작하면 사회 숙제가 떠오르고, 사회 숙제에 필요한 백과사전을 읽다가 옆에 있는 만화책을 발견하면 조금 읽게 되고……. 결국 공부는 시작도 못 했는데 잠잘 시간이 되고 말지.

도대체 왜 책상 앞에만 앉으면 잡생각이 폭풍처럼 몰려올까? 그건 한 번에 한 가지에 몰두하는 집중력이 부족해서하기 때문이야. 어떻게 하면 공부 집중력을 잡을 수 있을까?

공부 집중력을 높여 주는 준비

1. 책상 위에는 공부에 필요한 것만!

책상 위에는 공부에 필요한 책과 물건들만 올려놔. 스마트폰, 거울, 빗, 과자 등은 책상에서 치워야 해.

2. 공부 시작하기 전 화장실 먼저!

공부 중에는 화장실 가기, 물 마시기 등 책상을 떠날 핑계를 만들지 마.

3. 공부 시간 정하기!

공부 시간을 미리 정하고 알람을 맞춰 놔. 처음엔 짧게, 집중력이 생기면 점점 길게. 정해 놓은 시간 동안은 절대 움직이지 않는 거야.

4. 책상에 앉자마자 시작!

책상에 앉으면 다른 일에 신경 쓰지 말고 바로 공부를 시작해. 책상에서는 공부 외에 다른 일은 하지 않도록 자신과 약속하는 거야.

공부의 싹을 틔우는 호기심

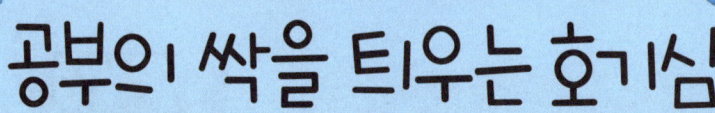

말을 하기 시작한 아기 마녀가 가장 많이 하는 말은 "엄마!"라는 말이야. 그리고 조금 더 자라면 "이게 뭐야?"와 "왜?"라는 말을 자주 하지.
인간 아기도 그렇지?
아기들은 세상의 모든 것들을 처음 보기 때문에 신기하고 궁금해서 '이게 뭘까?', '왜 그럴까?'라고 생각해. 궁금한 것을 하나씩 알아 가면서 아기는 점점 더 많은 지식을 쌓게 돼. '왜'라는 호기심 덕분에 공부를 하게 되는 거야.
그런데 아기 마녀들과 인간 아기들의 차이점이 있어.
인간 아기들은 자라면서 점점 "왜?"라는 질문을 안 하더라?

'선생님이 말해 주시겠지', '귀찮은데 다음에 찾아봐야지.' 이렇게 생각하고 호기심을 자꾸 묻어 두는 것 같아.

호기심은 연약한 새싹이나 꽃과 같아서 가꾸고 돌보지 않으면 시들고 말아. 호기심이 시들어 버리면 신기한 것을 보아도 관심이 안 생기고, 새로운 것을 보아도 놀라지 않게 되지. 학교 공부나 학원 공부를 너무 많이 하는 학생들 중에 이런 친구들이 있어. 이 친구들은 공부에 지쳐서 호기심을 잃어버린 거야.

그런데 호기심이 사라지면 절대로 공부를 잘할 수 없어. 나의 호기심을 채우기 위한 공부는 즐겁게 할 수 있지만, 궁금한 것도 없는데 남이 시켜서 억지로 하는 공부는 즐겁지도 않고 오래 할 수도 없거든.

당장의 성적을 올리는 공부보다 그동안 꾹꾹 눌러 둔 호기심을 되살리는 게 더 중요해. 호기심을 키우다 보면 공부의 싹이 무럭무럭 자라날 거야. 이 깜찍 마녀가 응원할게, 파이팅!

호기심아, 쑥쑥 자라라!

호기심을 팡팡 샘솟게 하려면?

1. 왜? 라고 질문한다.

'이런 걸 물어봤다가 친구들이 바보라고 하면 어쩌지?' 질문을 하기도 전에 이런 생각이 들 때가 있어. 하지만 괜한 걱정이야. 모르는 것을 묻는 사람이 바보가 아니라 몰라도 아는 척 시치미를 뚝 떼고 있는 사람이 진짜 바보니까.

2. 백과사전, 지도, 지구본, 도감을 가까이한다.

호기심이 생기면 그때그때 답을 찾아봐. 백과사전은 호기심을 키우는 데 큰 도움이 되는 책이야. 백과사전을 보다 보면 호기심이 꼬리에 꼬리를 물며 이어지게 되거든. 이런 호기심을 통해 다양한 지식을 쌓을 수 있어. 지도, 지구본, 도감은 텔레비전 곁에 두면 좋아. 다큐멘터리, 뉴스, 영화, 역사 드라마에 나오는 나라, 동식물, 역사에 대해 찾아볼 수 있으니까.

3. 여행과 다양한 체험을 한다.

낯선 곳에서 새로운 것을 접하게 되는 여행은 호기심을 키우는 가장 좋은 방법이야. 여행지에서 알게 된 새로운 역사, 문화, 동물 등에 관심을 갖고 관찰해 보면 정말 재미날 거야.

멀리 여행을 가기 어렵다면 친구들과 동네 공원이나 시장 등을 살펴봐. '우리 동네 공원의 동식물', '시장에서 파는 물건' 등의 주제를 갖고 살펴보면 평소에는 몰랐던 다양한 정보나 지식을 얻을 수 있어.

모든 것은 상상력으로부터!

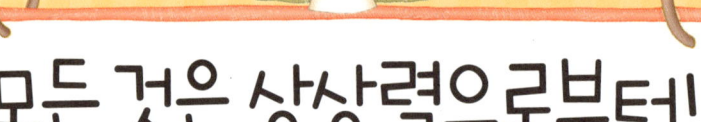

다음 중 공부를 가장 잘할 수 있는 사람은 누구일까?
'기억력이 좋은 사람, 암산을 잘하는 사람, 집중력이 좋은 사람, 소원을 들어주는 수정 구슬을 손에 넣은 사람.'
이 깜찍 마녀가 고른 사람은 바로 '수정 구슬을 손에 넣은 사람'이야.
이상하다고? 전혀 이상하지 않아.
소원을 들어주는 수정 구슬은 상상력이 풍부한 사람만이 손에 넣을 수 있으니까.
상상력이 풍부하고 창의적인 사람은 어떤 문제를 만났을 때 다양한 해결책을 만들 수 있어. 또 문제를 해결하는 과정을 즐기기 때문에 공부도 즐겁게 하지. 하지만 생각의 틀을 정해 놓는 사람은 뜻밖의 문제에 부딪히면 당황해. 그래서 상상력이 풍부한 사람이 공부를 잘할 수 있는 거야.

"저는 상상력이 너무 부족해요.
여행을 많이 못 다녀서 그런 것 같아요."

아! 이런 고민을 하는 친구에게는 내 요술 빗자루를
빌려주고 싶어. 그것만 있으면 세상 어디라도 갈 수
있으니까. 하지만 너희 마음속에는 이미 상상력을 키워
주는 '나만의 요술 빗자루'가 들어 있는지도 몰라.
영국의 유명한 소실가 샬럿 브론테와 에밀리 브론테는
어린 시절을 거의 집에 갇혀 지냈어. 아버지가 학교도
보내지 않고 집 안에서만 지내게 했거든. 새로운 사람을
만날 수도, 다양한 경험을 할 수도 없었지.
어느 날 아버지는 아이들에게 나무 병정을 선물했어.
샬럿과 에밀리는 나무 병정들로 날마다
새로운 이야기를 지어내며 놀았어.
보잘것없는 나무 병정 놀이로 상상력을
키운 거야. 실제로 샬럿 브론테는
이때 지어낸 이야기를 바탕으로
《제인 에어》라는 소설을 썼대.
《제인 에어》는 지금까지도 엄청나게
사랑받는 명작이야.

톡톡 튀는 상상력을 키우려면?

1. 하루에 10분, 나만의 시간을 갖는다.

잠깐 동안이라도 혼자만의 시간을 가져 봐. 처음에는 심심하고 뭘 해야 할지 모를 거야. 그냥 작은 방에 혼자 앉아 머릿속에 떠오르는 대로 생각을 해 봐. 생각만 하기 어렵다면 떠오르는 생각이나 느낌을 글로 쓰거나 그림을 그려도 좋아.

2. 상상력을 키워 주는 놀이를 한다.

인형 놀이, 공기놀이, 오목이나 바둑 두기, 블록 쌓기, 음악 듣기, 노래하고 춤추기 등 즐거운 놀이는 상상력을 풍부하게 만들어 줘. 컴퓨터, 텔레비전, 스마트폰은 두뇌 발달에 방해되니까 적당히 하는 게 좋아.

3. 잠을 푹 잔다.

잠을 푹 자면 두뇌 활동이 활발해져서 상상력도 풍부해질 수 있어. 특히 잠들기 전이나 잠에서 막 깨어났을 때 좋은 생각이 많이 난대.

4. 규칙적으로 운동을 한다.

운동을 하면 뇌 활동이 활발해져. 그러면 상상력도 쑥쑥 자라겠지? 달리기, 훌라후프 등 혼자 하는 운동과 배드민턴처럼 친구나 가족과 함께하는 운동 모두 도움이 돼.

5. 그림을 그린다.

이탈리아의 천재 화가, 레오나르도 다빈치는 자신은 글씨를 쓸 줄 모른다고 했대. 진짜 글씨를 쓸 줄 몰랐던 게 아니라 그림으로 표현하기를 좋아했다는 뜻이야. 생각을 그림으로 표현하는 건 상상력을 키우는 데 도움을 줘. 가끔은 그림일기를 써 봐.

똑똑하게 논리적으로 생각해!

마녀 과학 경시대회 때 일이야. 내가 발명한 '웃음 수프'의 효과를 발표하는데 갑자기 머릿속이 뒤죽박죽되면서 횡설수설하고 말았어.
"어떻게 그런 결과가 나왔지?"
"그래서 결론이 뭐야?"
심사 위원 마녀들이 나에게 질문을 하는데 나는 머쓱해서 머리만 긁적였지 뭐야.

마법의 웃음 수프 완성!

생각을 논리적으로 정리하지 못해서 그런 거래. 논리는 앞뒤가 잘 맞고 이유가 합당하여 다른 사람들도 고개를 끄덕일 수 있는 생각이지.
논리적인 사고력은 관찰, 분석, 비교, 추리하는 과정을 통해 완성돼. 단서를 모아 분석한 뒤 범인을 추리하는 탐정처럼 말이야.

논리적으로 생각하려면?

1. 자신감을 갖는다.

자신감이 없는 사람은 열심히 관찰하고, 분석해서 올바른 결론을 내리고도 그 결론에 확신이 없어서 표현을 잘 못해. 논리적인 사고를 하기 위해서는 무엇보다 자신감이 있어야 해.

이 답이 맞을까?

2. 원인과 결과를 따져 본다.

모든 일에는 반드시 원인과 결과가 있어. 원인과 결과를 따져 보면 문제를 해결하는 데 논리적으로 대처할 수 있어.

3. 추론해 본다.

알고 있는 사실에서 새로운 결론을 이끌어 내는 것이 추론이야. 이러한 추론을 위해서는 풍부한 배경 지식이 필요해. 책이나 공부, 다양한 경험을 통해 쌓은 배경 지식이 많을수록 올바른 결론을 내리는 데 도움이 돼.

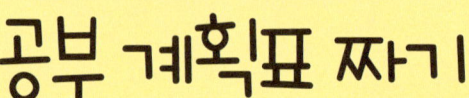

공부 계획표 짜기

멋진 어른 마녀가 되려면 마녀 학교에서 12년 동안 공부해야 해. 인간들도 마녀 못지않게 오랜 시간 공부를 하지? 긴 시간 동안 공부라는 바다에서 길을 잃지 않고 꿈을 향해 잘 항해하기 위해서는 계획표가 꼭 필요해. 어떻게 짜면 좋을지 알려 줄게.

1. 자신의 의지대로 공부 시간과 분량을 정하고, 실천 가능한 계획을 세운다.

2. 하루, 일주일, 한 달, 한 학기, 일 년 계획을 세우고 계획을 지켰는지 꼼꼼히 체크한다.

3. 하루 계획은 구체적으로 세우고, 일 년 계획은 커다란 목표를 설정하는 정도로 한다.

4. 특히 부족한 과목은 계획을 따로 세운다.

5. 계획표에 마음에 드는 명언이나 나의 각오 등을 적는다.

하루 공부 계획표

오늘의 명언: 말보다 실천

2014년 4월 11일 금요일			실천
4:00~5:00	학교 숙제 하기	수학 숙제, 사회 숙제	O
5:30~6:00	영어책 읽기	<제로니모> 1권 10~15쪽	X
8:00~8:30	내일 수입 예습하기	국어 3단원, 사회 2단원 읽기	O
8:30~9:30	문제집 풀기	수학 문제집 2단원 5쪽 풀기	O

일 년 공부 계획표

2014년 나의 의지: 영어 일등! 수학 여왕!

영어	<제로니모> 시리즈를 모두 읽는다.
수학	1, 2학기 문제집을 1권씩 푼다.
독서	일 년 동안 책 30권을 읽고 독서 일기를 쓴다.

스스로 하는 자기 주도 학습

"깜찍 마녀, 마법 수프 재료 챙겼니?"
"깜찍 마녀, 빗자루 타고 날기 시험 준비 했어?"
우리 엄마는 하루에도 몇 번씩 내 스케줄을 체크했어.
처음엔 좀 귀찮았는데 엄마가 다 알아서 챙겨 주니
편할 때가 더 많았어. 하지만 엄마가 마녀 독감에 걸리자
문제가 터지고 말았지. 마녀 독감은 끔찍하게 독해서 며칠
동안 꼼짝을 못하거든. 어쩔 수 없이 마녀 학교 준비물도

내가 챙기고, 빗자루 타기 연습 같은 내 할 일도 혼자 하기로 결심했어.

처음엔 실수도 많고 힘들었는데 엄마가 마녀 독감에서 다 나은 뒤에도 나는 예전으로 돌아가지 않았어. 나 스스로 하나하나 해 나갈 때마다 보람도 있고, 신나더라고. 물론 엄마는 계속 옆에서 격려하고 도와주지. 하지만 내 인생의 주인은 나! 부모님은 늘 우리를 응원해 주시지만 우리 인생은 결국 스스로 개척해야 해. 이렇게 홀로 서려는 자립심은 어린 시절에 키우면 매우 좋대.

자립심은 내 일은 내가 알아서 하고, 내가 한 일에 책임을 지려는 마음가짐이야.

부모님이 챙겨 주는 대로, 골라 주는 대로 산다면 그건 내 인생이라고 할 수 없겠지? 공부도 마찬가지야. 스스로 결정해서 공부하지 않으면 결코 나의 것이 되지 않아. 스스로 공부하는 자기 주도 학습이 이래서 중요한 거겠지?

마녀 학교 가는 게 더 즐거워!

자기 주도 학습은 이렇게!

1. 언제 공부할지, 무엇을 공부할지, 얼마나 공부할지 등의 계획을 스스로 세운다.

2. 계획을 실천하는 것도 스스로 하고, 계획 실천에 대한 평가도 스스로 해 본다. 잘 실천했다면 스스로 칭찬해 준다.

3. 준비물을 비롯한 모든 내 물건은 스스로 챙긴다.

4. 아침에 스스로 일어난다.

5. 학원, 과외, 인터넷 강의 등 다양한 공부법을 접해 보고 나에게 어떤 공부법이 맞는지 스스로 결정한다.

6. 자기 주도 학습을 도와주는 인터넷 사이트에 가입해 도움을 받는다.

7. 결정은 스스로 하지만 부모님과 공부에 대한 이야기를 자주 나누고 의논한다.

책과 친해지려면?

《마녀백과사전》을 읽은 적이 있니? 난 재미있어서 깔깔 웃으며 읽었어. 하지만 어떤 사람들은 마녀에 대해 연구하려고 심각한 얼굴로 읽더라. 사람마다 책을 읽는 이유는 다 달라. 하지만 책의 내용을 제대로 이해하고 읽었다면 모두 같은 느낌을 받았을 거야.
바로 '즐거움'이지.
동화책, 과학책, 역사책, 백과사전 등 어떤 책이라도 제대로 읽어 내용을 이해했다면 재미를 느낄 수 있어.
"난 책을 끝까지 봐도 무슨 내용인지 모르겠고, 재미도 없어요."
이렇게 말하는 친구들도 있어.
책과 친해지는 방법을 아직 모르기 때문이야. 내가 그 방법을 알려 줄게.

엉어 동화책은 너무 어려워.

독서 고민, 어떻게 해결할까?

1. 줄거리를 요약하기 어려운 친구

"읽기는 하는데 무슨 내용인지 모르겠어요."

저는 책을 아주 많이 읽었어요. 6학년 언니들이 읽는 명작 소설도 거의 다 읽었지요. 하지만 독후감을 쓰려고 하면, 줄거리를 요약할 수 없어요. 줄거리가 머릿속에서 복잡하게 꼬이기만 해요. 제가 중얼중얼 소리 내어 책을 읽어서 그럴까요?

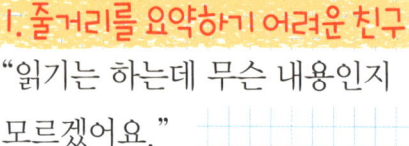

⇒ 이렇게 해결해!

조용히 눈으로 책을 읽어 봐. 긴 글을 소리 내어 읽으면 읽는 속도가 느리고, 내용 파악이 어렵거든. 책을 읽기 전에는 제목을 보고 무슨 내용일지 상상해 보고, 소제목을 훑어봐. 본문을 읽을 때는 모르는 단어가 나와도 멈추지 말고 끝까지 읽어. 다 읽은 후 모르는 부분을 찾아보면 돼. 한 번 읽었는데 내용이 이해되지 않으면 다시 한번 찬찬히 읽어 봐. 다시 읽을 때는 내용을 잘 이해할 수 있을 거야.

2. 책이 지루해서 싫은 친구

"어려운 책은 너무 싫어요."
저도 어릴 때에는 책을 많이 읽었어요. 그림책이랑 동화책은 정말 재미있었어요. 그런데 지금은 책이 싫어요. 엄마가 골라 주는 과학책, 수학책, 철학책은 너무 지루해요.

⇒ 이렇게 해결해!

과학책, 수학책, 철학책은 읽으면서 생각할 것이 아주 많아. 생각하기가 귀찮으면 책 읽기가 싫어질 수 있어. 이럴 때는 책을 읽은 후 다음과 같이 책 내용을 요약해 봐.

1. 중요한 단어를 뽑는다.
2. 중요한 문장을 뽑는다.
3. 중요한 문단을 뽑는다.

책의 핵심이 되는 단어와 문장, 주장을 담은 문단을 뽑은 다음 단어, 문장, 문단을 순서대로 배열하면 금세 요약할 수 있어.

책과 친해지는 6단계 작전

1단계 - 내 수준보다 조금 아래의 책을 선택한다.

처음에는 쉽게 술술 읽히는 책을 골라. 책에 대한 두려움을 없앨 수 있는 그림책도 좋아.

2단계 - 대화가 많은 책을 읽는다.

따옴표, 즉 대화가 많은 동화책부터 읽어 봐. 눈으로 읽는 게 지루하면 소리 내어 연극을 하듯 읽어도 좋아. 대화가 많은 책은 글을 읽는 호흡이 짧아서 부담 없이 읽을 수 있어.

3단계 - 좋아하는 분야의 책을 읽는다.

관심 있는 분야의 책을 찾아서 읽어 봐. 동물을 좋아한다면 동물에 관한 책을 읽기 시작해서 동물과 그 동물들이 살고 있는 환경에 관한 책 등으로 분야를 넓히며 읽어 봐.

4단계 - 필요한 책을 골라 본다.

공부에 필요한 책, 즐거움을 주는 책, 정보를 얻는 책 등 필요한 책을 골라서 읽으면 시간도 절약되고, 공부에 도움이 되는 책도 스스로 선택할 수 있어.

5단계 - 나만의 도서관을 만든다.

마음에 쏙 드는 책을 만나면 사서 두고두고 읽는 재미를 느껴 봐. 내 방 책장에 나만의 도서관을 만드는 거야.

6단계 - 책 나무, 책 지도를 그린다.

벽에 커다란 종이를 붙여 나무를 그리고 읽은 책의 제목, 지은이, 출판사 등이 적힌 나뭇잎을 나무에 붙여 봐. 또는 커다란 세계 지도에 지은이의 나라, 또는 책의 배경이 되는 나라에 책 제목을 붙여 책 지도를 만들어 봐. 책 나무와 책 지도가 완성될수록 책과 가까워질 거야.

똑똑한 공부 단짝, 백과사전

'마녀의 모든 것 조사하기'
이런 숙제가 있다면 무슨 책을
찾아봐야 할까?
물론《마녀백과사전》이지.
백과사전에는 기본 개념과 배경 지식,
그림과 사진 등의 정보들이 풍부해.
참고서는 숙제와 관련된
내용이 간단하게 잘
정리되어 있지만
백과사전에 비해
폭넓은 정보가 부족해.
이제는 숙제나 공부를 할 때
국어사전과 백과사전을 자주
이용해 봐. 동물도감, 식물도감, 지도책도 가까이
두고 궁금한 것이 있을 때마다 보면 지식의 가지를 늘리는
데 도움이 될 거야. 물론 인터넷에서도 정보를 얻을 수
있지만 검증된 자료가 있는 백과사전이 더 정확하겠지!

백과사전 재미있게 보기

백과사전은 필요한 부분만 보는 참고 도서라고? 하지만 처음부터 끝까지 찬찬히 읽어 보면 백과사전도 꽤 재미있는 책이라고 생각될걸? 처음에 아무 데나 펼쳐 한 장씩 넘겨 가면서 읽다 보면 꼬리에 꼬리를 무는 지식을 접하는 재미에 시간 가는 줄 모를 거야.

나만의 백과사전 만들기

관심 있는 것을 골라 직접 백과사전을 만들어 봐.
만약 '경복궁'이라는 주제를 정했다면, 경복궁의 역사, 건축 양식, 그곳에 살았던 왕과 왕비 등을 조사해서 나만의 백과사전을 만드는 거야. 그림도 그리고 사진도 찍어 붙여 봐.
내가 만든 백과사전의 내용은 절대로 잊어버리지 않을걸?

우등생의 시간 관리법

하루는 24시간. 마녀에게나 인간에게나, 오늘이나 내일이나 항상 똑같아. 하루를 알차게 보낼 수 있는 좋은 방법 없을까?

가장 좋은 방법은 '하루 생활 계획표'를 세우는 거야. 계획을 실천할 때에는 매시간 계획한 일에만 집중해야 해. 숙제 시간에는 숙제에만, 쉬는 시간에는 휴식에만, 밥 먹을 때는 먹는 것에만 집중해. 한 가지 일을 할 때 그것에 집중 못하고 다른 생각을 하면 하루에 한 가지 일도 제대로 할 수 없거든.

일상생활이나 휴일의 자투리 시간을 잘 활용해도 시간을 알차게 쓸 수 있어. 자투리 시간은 할 일을 끝내고 남은 여유 시간이나 이동 시간 등을 말해.

자투리 시간 100% 활용법

1. 아침 시간과 쉬는 시간

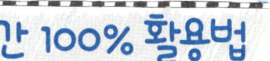

학교 갈 준비를 하며 영어 단어 한 개씩 외우는 습관을 들여 봐. 어느새 영어 박사가 돼 있을걸? 학교 쉬는 시간에는 화장실을 다녀오고, 화장실에 가고 싶지 않다면 수업 시간에 배운 것을 읽어 보거나 다음 시간에 배울 학습 목표와 제목을 미리 읽어 봐. 수업 시간에 잠이 쏟아졌다면 스트레칭을 해. 머리가 맑아져 수업에 집중이 잘될 거야.

2. 명절, 연휴 등의 쉬는 날

쉬는 날에는 부족한 과목을 하나 정해 복습을 하는 거야. 너무 많이 하겠다고 욕심을 부리면 실천하기 힘드니까 밀린 과목 딱 한 가지만 정해 공부하는 게 좋아. 공부를 먼저 하면 나머지 시간은 마음 편하게 놀 수 있겠지?

우등생이 되는 수업 태도

마녀 역사 수업 시간에 멍하니 앉아 있었다가, 시험을 완전히 망친 적이 있어. 참고서도 보고 문제집도 풀었는데, 시험 문제가 거의 다 수업 내용에서 나왔거든. 역시 가장 효과적인 공부는 수업 시간에 집중해서 듣는 거였어. 어떻게 하면 수업 집중력을 높일 수 있을까?

1. 수업 시간에 선생님을 뚫어져라 본다.

교실 안에 선생님과 나, 둘뿐이라고 생각하며 선생님을 뚫어져라 쳐다보는 거야.
선생님의 말씀을 잘 귀담아 듣고 작은 몸짓과 손짓까지 집중해서 봐.
교과서를 보거나 필기하는 것도 방해가 될 수 있어.
필기는 중요한 내용만 간략하게 해.

2. 질문과 발표를 두려워하지 않는다.

자신이 발표한 내용은 잘 잊어버리지 않아. 용기를 내서 손을 번쩍 들고 발표해 봐. 틀려도 좋아. 틀린 내용은 절대로 잊혀지지 않거든. 손을 들고 질문하는 게 부끄러우면 수업 시간이 끝난 후 질문해도 좋아.

3. 수업 준비를 철저히 한다.

수업 준비물을 잘 챙기고, 화장실은 쉬는 시간에 다녀와. 수업 중간에 화장실에 가는 것도 문제지만 화장실에 가고 싶어서 불안해지면 수업 내용에 집중을 할 수 없으니까.

4. 책상 위를 깔끔하게 정리한다.

책상 위에는 교과서, 공책, 연필, 색깔 있는 볼펜 한두 자루만 올려놔. 필통, 수첩, 색연필 등 나머지는 모두 책상 속에 넣어 둬. 집중을 방해할 수 있거든.

전문 학원 VS 개인 과외

인간들도 마녀의 공부법이 궁금하겠지? 나도 인간들은 어떻게 공부하는지 궁금해서 공부 잘하는 한 아이에게 물어본 적이 있어. 그랬더니 의외의 대답을 하더라.
"공부? 학원에서 하지. 과외도 하고."
"시험공부는?"
"학원에서 다 시켜 줘. 과외 선생님이 예상 문제를 꼭 집어 주고, 요점 정리도 해 줘서 외우기만 하면 돼."
그 말을 듣고 보니 인간들은 자기가 공부하는 게 아니라 학원이나 과외 선생님이 대신해 주는 것 같았지. 나는 학원과 과외 없이 성적을 유지할 수 있는지 물었어.
"그건 안 돼! 공부를 어떻게 혼자서 하니?"
정말로 공부는 혼자 할 수 없는 걸까? 학원이나 과외의 좋은 점과 나쁜 점은 뭘까?

학원과 과외의 좋은 점과 나쁜 점

학원

장점
- 학교 공부를 복습해서 확실히 익힐 수 있다.
- 공부에 방해되는 컴퓨터나 텔레비전과 멀어진다.

단점
- 학원 숙제 때문에 독서나 학교 공부를 할 시간이 부족하다.
- 여러 학원을 다니면 피곤하고 힘들다.

과외

장점
- 선생님과 단둘이 공부하기 때문에 집중이 잘된다.
- 모르는 부분을 바로 질문하기 편하다.

단점
- 스스로 알아낸 지식이 아니라 쉽게 잊어버린다.
- 수업료가 비싸다.

우등생의 좋은 습관, 메모

내 매력은 잘 깜빡깜빡하는 거야. 그래서 메모를 꼭 해야 해. 중요한 일이나 갑자기 떠오른 좋은 생각 등을 메모해 놓으면 기억력을 높이는 데 도움이 되고, 공부에도 도움이 되겠지? 그럼 효과적인 메모 방법을 알아보자.

1. 미니 수첩, 삼색 볼펜 이용하기
메모는 수첩에 해야 잘 보관할 수 있어. 중요한 것은 색 볼펜으로 강조해 두면 좋아.

2. 그림, 기호, 암호 사용하기
꼭 글로 적을 필요는 없어. 그림을 그리거나 나만의 기호, 암호를 사용해 자신이 편한대로 자유롭게 메모하면 돼.

3. 메모 보관하기
메모는 종류별로 정리해서 보관해. 사진으로 찍어서 저장해 두면 필요할 때 쉽게 찾아볼 수 있지.

4. 수업 시간에 메모하기

수업 시간에 궁금한 것이 생기면 반드시 메모해 둬. 나중에 선생님께 질문하거나 백과사전을 찾아보면 도움이 돼.

5. 최신식 스마트폰보다 수첩 이용하기

스마트폰에도 메모 기능이 있지만 수첩이나 다이어리에 메모하는 게 더 좋아. 더 오래 기억할 수 있고, 그림, 암호 등을 사용하기 편하거든.

메모해 두고 꼭 기억해야지!!

메모에서 가장 중요한 점은?

글씨를 또박또박 써야 해. 급하다고 글씨를 흘려 쓰면 나중에 무슨 글씨인지 전혀 알아볼 수가 없어. 그럼 메모를 한 효과가 없겠지?

기초 학력이 먼저!

공부를 열심히 하겠다는 다짐은 수십 번 했는데 막상 하려니 뭐가 뭔지 모르겠다고? 영어는 마녀나 외계인이 쓰는 말 같고, 수학은 끔찍하고, 과학은 무슨 말인지 이해할 수 없고……. 왜 이런 일이 생겼을까?
그건 기초 학력이 부족하기 때문이야.
기초 학력은 공부를 하는 데 필요한 기본적인 학습 능력이야. 읽기, 쓰기, 셈하기 등이 기초 학력이지. 3학년인데 글을 술술 읽을 수 없다면, 또는 구구단을 외우지 못한다면, 4학년인데 영어 알파벳과 한글 맞춤법을 틀린다면 기초 학력이 부족한 거야.
하지만 너무 걱정하지 마. 읽기, 쓰기, 계산하기 능력은 연습만 하면 누구나 쉽게 키울 수 있어.

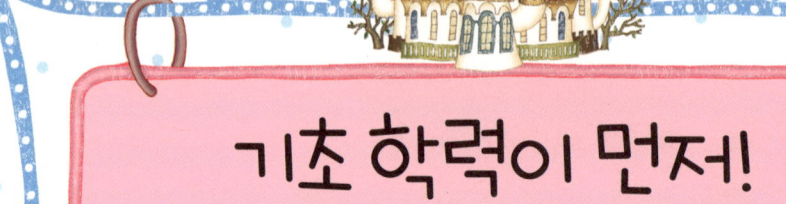

기초 학력을 키우려면?

밑줄을 그으며 읽어 볼까?

1. 읽기

읽기 능력이 부족하다면 국어 교과서를 읽으며 연습해. 꼭 속으로 읽어. 어릴 때는 소리 내어 읽는 친구들이 많은데, 길고 복잡한 글을 소리 내어 읽으면 이해하는 데 오히려 방해가 돼.

2. 쓰기

글을 읽은 다음에는 글의 내용을 적어 봐. 연필을 들고 원고지에 전체적인 내용과 주제를 또박또박 적으면 읽기와 쓰기를 한 번에 연습할 수 있어.

3. 계산하기

계산하는 능력을 키우려면 계산 문제를 많이 풀어 보는 수밖에 없어. 조금 지겨워도 매일 시간을 정해 놓고 문제를 풀어 봐. 천천히 정확하게! 손가락을 꼽지 말고 머리로 생각하고, 빈자리에 연필로 계산 과정을 적어 가며 풀기!

한눈에 쏙쏙 필기 습관

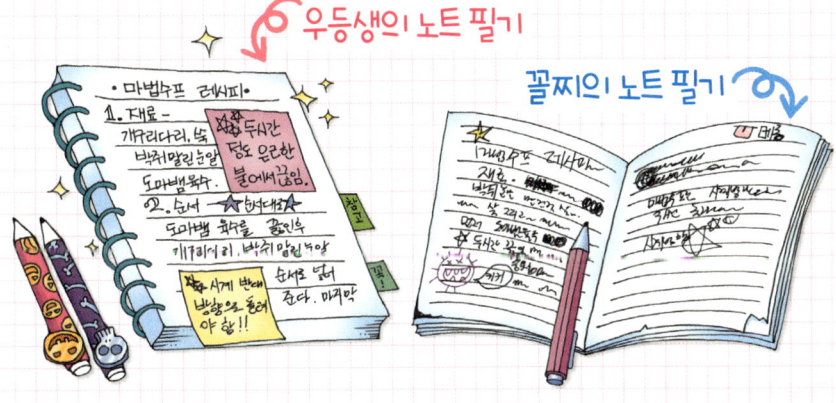

마녀들이 쓰는 연필 하나 줄까? 선생님의 입에서 나오는 소리라면 헛기침까지 모조리 적어 주는 마법의 연필이야. 이 연필만 있으면 손가락 아프게 직접 적지 않아도 돼. 하지만 이런 노트 필기는 공부에 전혀 도움이 되지 않아. 복습할 때 한눈에 알아보기 어렵거든.
우등생 친구들은 의외로 수업 중에 필기를 많이 하지 않아. 선생님의 설명을 아주 집중해서 듣다가 이해가 잘 안되는 부분, 중요하다고 생각한 부분, 미처 생각하지 못했던 부분만 간단하게 적는대. 성적을 올려 주는 특별한 필기법이 따로 있는데, 내가 알려 줄까?

효과 만점, 코넬 노트법

코넬 노트법은 미국의 코넬대학교에서 개발한 필기 방법이야. 매우 간단하면서도 효과가 좋은 코넬 노트법을 알아볼까?

맨 위 칸
단원명이나 학습 목표를 적어. 학습 목표를 미리 적어 두고 수업 전에 보면 예습의 효과가 있어.

왼쪽 칸
가장 중요한 핵심 단어나 용어, 중요한 개념 등을 한눈에 알아볼 수 있게 적어.

오른쪽 칸
수업 내용을 자세하게 잘 정리해.

맨 아래 칸
필기한 내용을 간단하게 요약해서 적어. 복습의 효과를 얻을 수 있어.

---

2. 문단의 짜임

- 중심 문장
- 로봇

- '로봇' 글을 읽는다.
- 중심 문장과 낱말

- 중심이란?
사물의 한가운데, 가장 기본이 되는 부분.

★문단의 내용을 잘 이해하려면? 중심문장과 낱말 찾는다.

마인드맵으로 그린 생각 지도

마인드맵은 토니 부잔이라는 사람이 개발한 생각법이야. 생각을 지도처럼 펼쳐 정리하여 한눈에 알아볼 수 있고 오래 기억할 수 있는 효과가 있어. 이 깜찍 마녀가 만든 깜찍 마인드맵을 한번 볼래?

마인드맵의 한가운데에는 중심 주제를 적고, 작은 가지를 뻗으며 관련된 작은 주제들을 적어 나가. 글 대신 그림으로 표현해도 좋아. 필기를 할 때 마인드맵으로 정리하면 생각이 꼬리에 꼬리를 물며 떠올라 공부는 물론 창의력 향상에도 도움이 돼.

성적을 올리는 교양 쌓기

난 교양 있는 마녀야! 교양이 뭐냐고? 음, 그러니까……, 이렇게 모르는 게 있을 때는 사전을 찾아보자고!

교양(敎養)
사회생활이나 학식을 바탕으로 이루어지는 품행과 문화에 대한 지식. (교양이 높다./교양이 있다./교양이 풍부하다.)

사전에 나온 '교양'이라는 단어의 풀이야. 사전을 바탕으로 생각해 보면, 교양이 풍부한 사람은 학식이 풍부하고 문화에 대한 지식도 굉장할 거야. 그래서 우아하고 세련되겠지!

교양이 풍부하면 또 뭐가 좋을까? 학년이 올라갈수록 공부가 쉬워져. 높은 학년이 될수록 더 많은 과목을 공부하는데, 교양이 풍부하면 이미 알고 있는 지식이 많아서 관련 지식으로 가지치기가 쉽기 때문이야. 또 여러 분야의 지식을 연결할 수 있고, 새로운 지식을 받아들여 폭넓게 응용할 힘도 생겨. 어때, 교양 있는 소녀로 거듭나고 싶어지지?

우아하게 교양을 쌓으려면?

요술 빗자루 대신 요술 양탄자를 타면 우아해 보인다고 착각하는 마녀들이 있어. 우아하게 옷을 입고 테이블에 앉아 차를 마시면 교양이 있어 보인다고 생각하는 인간들도 있지? 교양은 우아하게 차를 마신다고 생기는 게 아니야. 교양을 쌓는 가장 좋은 방법은 독서야. 수학, 역사, 음악, 미술, 철학 등 다양한 분야의 책을 읽어 봐.

그리고 미술관이나 박물관에도 가 보고, 좋아하는 아이돌 가수의 음악 외에 다른 음악도 들어 봐. 가끔은 연극이나 뮤지컬 공연을 보는 것도 좋아. 공연을 본 뒤 관련된 책을 읽거나 자료를 찾아보면 교양이 쑥쑥 샘솟으면서 공부에도 큰 도움이 될 거야.

공부보다 중요한 밥

오늘 아침밥은 머리가 좋아지는 마법의 달걀 요리야. 꼭 먹고 마녀 학교에 가야겠지? 우리 뇌는 잘 먹지 않으면 활발하게 움직일 수 없거든. 골고루 잘 먹어야 공부도 잘할 수 있어.

일어나! 오늘도 밥 못 먹겠어!

공부에 도움이 되는 음식

1. 아침밥
뇌는 포도당을 에너지원으로 사용하기 때문에 포도당으로 소화되는 빵, 밥 등 탄수화물 음식이 좋아.

2. 뇌를 닮은 호두
간식으로는 두뇌 발달에 좋은 호두 등 견과류를 선택해!

3. 필수 영양소 DHA가 많은 등 푸른 생선
DHA는 기억력을 높여 줘. 고등어, 삼치 등의 등 푸른 생선을 많이 먹으면 피부도 좋아지니 일석이조 아니겠어?

공부보다 중요한 잠

"내일이 시험이니까 오늘은 밤을 새워서 공부해야지!"
오! 안 돼. 시험을 망치는 지름길이야. 잠을 자는 동안 우리 뇌는 하루의 기억을 정리하고, 휴식을 취해. 자는 시간도 아깝다면 자는 동안 공부할 수 있는 수면 학습법을 활용해 봐.

수면 학습법이란?

막 잠이 들었을 때나 잠에서 깨기 전을 반수면 상태라고 해. 수면 학습법은 공부할 내용을 반수면 상태에서 듣는 학습법이야. 특히 영어 공부에 효과적이야. 자기 전에 집중해서 듣던 영어 테이프를 잠든 후 한 시간 정도 틀어 놓는 거야. 한 시간 이상 틀어 놓으면 잠을 설칠 수 있으니 주의해.

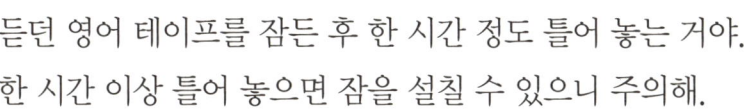

공부가 잘되는 공부방

우리 엄마는 천장에는 거미줄이 그득하고, 바닥에는 지네가 기어 다니고, 책상 위에는 온갖 독버섯이 자라는 끔찍한 곳에서도 공부를 잘해서 우등생 마녀가 되었대. 하지만 앉아만 있어도 공부하고 싶은 마음이 솔솔 드는 방이라면 더 기분 좋게 우등생이 될 수 있겠지?
그리고 책상 위에 공부와 관련 없는 것들이 잔뜩 늘어져 있는 것보다는 공부에 필요한 물건들만 놓여 있는 게 집중이 잘돼 공부 능률도 오를 거야. 책상 주변을 정리하고 책상 위에는 당장 해야 할 공부에 필요한 물건들만 놓도록 해.

우등생 소녀의 공부방 만들기

1. 방은 스스로 정리한다.
엄마의 도움 없이 스스로 방을 정리해 봐. 그러면 물건이 어디에 있는지 금방 찾을 수 있고, 필요한 것이 생길 때마다 엄마를 찾는 습관도 없앨 수 있어.

2. 책상은 방 가운데를 보게 놓는다.
책상을 벽과 마주하게 두면 눈 건강에 좋지 않아. 때때로 책에서 눈을 떼고 먼 곳을 봐야 눈 건강에 좋거든.

3. 환기를 자주 시킨다.
방 안의 공기가 탁하면 졸리고 집중이 안 돼.

4. 컴퓨터와 텔레비전은 다른 곳으로 옮긴다.
컴퓨터나 텔레비전은 공부에 도움을 주기도 하지만 놀고 싶은 마음이 들게 하니까 다른 곳에 놓고 필요할 때만 사용하는 게 좋아.

우등생 공부방을 만들어 볼까?

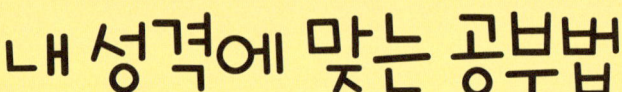

내 성격에 맞는 공부법

엄친딸(엄마 친구의 딸) 때문에 스트레스 받는 친구들 많지? 마녀 세계에도 엄마 친구의 딸 마녀인 엄친마가 있어.
"엄마 친한 친구의 딸은 새벽 네 시에 일어나 공부해서 일등을 했댄다."
엄마 마녀의 이런 말을 듣고 아침잠이 많은 마녀 소녀가 억지로 새벽에 일어나 공부를 했대. 하지만 학교 수업 시간에 졸음이 쏟아져 오히려 공부에 방해가 되었대. 사람마다 얼굴도 다르고, 취미도 다르고, 잘하는 과목도 다른데 모두 똑같은 방법으로 공부할 수는 없어. 성격에 따라 공부 방법도 다 달라. 자신의 성격을 살펴보고, 성격에 맞는 공부 방법을 찾아봐.

나는 어떤 성격일까?

주장이 강한 성격

① 어떤 모임에서든 리더를 맡고 싶다.
② 자기 주장을 직설적으로 표현하기를 좋아한다.
③ 목소리가 크고, 참을성이 없어서 화를 잘 낸다.
④ 정의를 위해 싸우는 것이 멋있다고 생각한다.
⑤ 책임감이 강하다.

내성적인 성격

① 여럿이 노는 것 보다 친한 친구와 단둘이 노는 것을 좋아 한다.
② 상상력이 풍부하여 혼자 공상에 빠지는 경우가 많다.
③ 규칙을 잘 지킨다.
④ 무척 신중하다.
⑤ 여러 사람 앞에서 창피당하는 것이 두렵다.

모험심이 많은 성격

① 엉뚱한 상상력을 발휘하는 것이 즐겁다.
② 모험을 좋아한다.
③ 한 가지 일에만 열중하면 금방 싫증이 난다.
④ 자신의 말에 사람들이 웃어 주는 것이 좋다.
⑤ 모든 사람이 나를 좋아 한다고 생각한다.

완벽주의 성격

① 책을 읽을 때는 반드시 맨 앞부터 읽는다.
② 깔끔하게 정리하는 것을 좋아한다.
③ 모든 일에 무척 성실하다.
④ 내 자신의 실수를 용서하기 힘들다.
⑤ 늘 시간이 부족하다는 생각이 든다.

주장이 강한 친구의 공부법

주장이 강한 친구의 특징
① 어떤 모임에서든 리더를 맡고 싶어 한다.
② 자기 주장을 직설적으로 표현하기를 좋아한다.
③ 목소리가 크고, 참을성이 없어서 화를 잘 낸다.
④ 정의를 위해 싸우는 것이 멋있다고 생각한다.
⑤ 책임감이 강하다.

주장이 강하고 앞장서기 좋아하는 친구

학기 초만 되면 종호는 마음이 들썩거려. 회장 선거가 있기 때문이지. 종호는 꼭 회장이 되고 싶어 해. 회장이 되어 학급 회의를 진행하고 학교 행사를 추진하는 일이 종호에게는 가장 재미있기 때문이지. 다른 친구가 회장이 되어 종호에게 이것저것을 시킨다고 생각하면, 생각만 해도 화가 난대.

언제나 에너지 넘치는 종호에게도 단점이 있어. 한번 고집을 피우기 시작하면 누구도 당해 낼 수 없다는 점. 고집이 너무 세서 결코 양보하는 법이 없거든. 고집을 피우다 친구들이랑 다투는 일도 종종 있어. 하지만 아무리 크게 다투어도 금세 사과하거나 잊어버리기 때문에 친한 친구들은 그런 종호를 잘 이해해 줘.

회장 선거에 나가기만 하면 활달하고 인기 많은 종호가 회장으로 당선될 게 분명해. 그런데 종호는 선거에 나설 때마다 조금 망설여져. 성적이 별로 좋지 않기 때문이야.

주장이 강한 친구에게 추천하는 공부법

종호에게는 대장 마녀 같은 특별한 에너지가 느껴져. 공부를 하겠다는 마음만 먹으면 누구보다 잘할 수 있을 거야. 하지만 넘치는 그 힘을 책상 앞에 머물게 하기가 어려워. 이럴 땐 회장이나 리더가 되고 싶어 하는 마음을 이용하는 거야.

1. 책임감 갖기

책임감은 사람을 의젓하게 만들어. 그래서 리더십이 있는 친구들은 회장이라는 책임을 맡으면 모든 일에 열심히 하게 되지. 회장처럼 큰 직책이 아니어도 좋아. 체육 부장이나 미화 부장, 봉사 부장은 어때? 자신의 리더십을 발휘할 수 있는 일을 하다 보면, 성적에도 신경을 쓰게 되어 더 열심히 공부할 거야.

2. 친구들과 함께 즐겁게 공부하기

도서관이나 자기 방에서 혼자 조용히 공부하는 것도 좋은 공부 방법이지만 자기 주장이 강하고 친구들 사이에서 앞장서기 좋아하는 친구라면 조용히 앉아 있는 것 자체만으로도 지루할

이번엔 내가 퀴즈를 낼게!

거야. 이런 성격의 친구들은 여럿이 모여 함께 공부하는 방법을 써 봐. 한 시간 동안 친구들과 함께 같은 과목을 공부한 뒤 공부한 내용의 퀴즈 맞히기, 수수께끼 맞히기 등의 게임을 하면 즐겁게 공부할 수 있어. 그러면 친구들과의 사이도 좋아지고 성적도 오르겠지?

3. 호기심 키우기

호기심은 공부의 기본이야. 에너지가 넘치는 친구들은 기본적으로 호기심이 많고 엉뚱한 생각도 많이 해. 어떤 것에 호기심이 생기면, 조금 귀찮더라도 그때마다 사전이나 인터넷, 책을 통해 호기심을 해결하고 내 것으로 만드는 습관을 가져 봐. 그러면 점점 더 많은 지식을 얻을 수 있을 거야.

또 자신이 알게 사실을 부모님이나 친구들에게 이야기하고, 함께 토론해 보는 것도 또 다른 호기심을 만드는 방법이 될 수 있어. 토론을 할 때에는 나와 다른 생각을 가진 사람의 말도 끝까지 잘 들어야 한다는 것, 잊지 마!

4. 사소한 규칙도 꼭 지키기

자기 주장이 강한 친구들은 규칙을 지키기보다는 자기 고집대로 하는 경우가 많아. 이렇게 규칙을 소홀히 하는 습관은 생활의 다른 부분까지 소홀하게 만들고, 결국 공부도 소홀히 여기도록 만들어. 숙제할 때나 시험 볼 때도 '국어? 말만 잘하면 되지 뭐가 중요해?', '수학? 돈 계산만 잘하면 돼.' 이런 식으로 멋대로 판단하지. 작은 규칙이라도 꼭 지키는 습관이 좋은 공부 습관으로 발전할 수 있어.

5. 확실한 목표 갖기

종호는 넘치는 에너지를 어디에 쓸까 늘 고민해. 이제는 미래에 대한 목표를 세우는 데 그 에너지를 쏟아 봐.

먼저 나의 재능이 무엇인지 생각하고 목표를 세운다면, 그것을 이루기 위해 공부하게 될 거야. 목표를 세우는 게 어렵다면 이십 년 뒤 내가 어떤 모습으로 살고 있을지 생각해 봐. 그림으로 그려 보는 것도 좋지. 그러면 내가 무엇이 되고 싶은지 알게 될 거야.

주장이 강한 친구에게는 이런 도움이 필요해!

종호는 꼬마 마녀들을 잔뜩 거느리고 검은 망토를 휘날리며 날아다니는 대장 마녀와 비슷한 성격이야. 친구를 좋아하고, 친구가 많다는 것을 자랑하고 싶고, 친구들을 설득해 자신의 주장을 따르게 하는 걸 좋아하지. 그래서 어떤 어른들은 종호가 친구들과 몰려다니며 놀기만 한다고 오해하기도 해. 하지만 이런 성격의 친구들은 친구와 관계가 좋아야 공부도 잘할 수 있어. 이런 친구들은 엄마에게 이렇게 부탁해 봐.

"엄마, 친구들과 우르르 몰려다니지 말라는 잔소리 대신, 제가 친구들과 어떻게 지내는지 관심을 가져 주셔요. 그러면 친구들과 공부도 함께 하며 우정도 깊어질 것 같아요. 또 친구들이 우리 집에 오거나 길에서 마주쳤을 때 따뜻한 말도 건네고 맛있는 간식도 사 주세요. 그러면 친구들이 저를 더 좋아해 줘서 기분이 좋아져 공부 의욕도 더 생길 거예요."

내성적인 친구의 공부법

내성적인 친구의 특징
① 여럿이 노는 것보다 친한 친구와 단둘이 노는 것을 좋아한다.
② 상상력이 풍부하여 혼자 공상에 빠지는 경우가 많다.
③ 규칙을 잘 지킨다.
④ 무척 신중하다.
⑤ 여러 사람 앞에서 창피당하는 것이 두렵다.

내성적이고 걱정이 많은 친구
"오늘은 수업 시간에 적극적으로 참여했니?"
학교에서 돌아온 영민이에게 엄마가 물었어. 엄마는 영민이가 발표도 잘하고, 공부도 잘하는 적극적인 아이이길 바라거든.
"네, 수학 시간에 앞에

나가서 문제도 풀고, 국어 시간에는 손을 들고 질문도 했어요. 일어나서 교과서도 읽었고요."
하지만 영민이의 말은 모두 거짓말이야. 영민이는 선생님이 지목해서 시킬 때는 대답을 하지만 스스로 손을 들어 발표를 한 적은 거의 없거든. 친구들은 서로 하겠다며 "저요, 저요!" 하며 손을 드는데, 영민이는 손 드는 것도 쑥스럽고 큰 목소리로 말하는 것도 창피하대.
영민이는 혼자 있을 때가 가장 편안하고 행복해. 혼자 음악을 들으며 마음껏 상상하거나 책을 읽는 걸 좋아하지. 또 친한 친구 한두 명과 이야기를 나누거나 피아노 치는 것을 좋아해. 하지만 여러 사람 앞에서 발표를 하거나 노래를 하거나 춤을 추라고 하면, 어디론가 숨어 버리고 싶대.

내성적인 친구에게 추천하는 공부법

1. 가장 잘하는 과목부터 시작하기

내성적이고 걱정이 많은 친구들은 자신감이 좀 부족해. '내가 정말 잘할 수 있을까?'라고 생각하며 끊임없이 자신을 의심하지. 이런 친구들은 자신이 잘하는 과목부터 공부하는 게 좋아. 특별히 잘하는 과목이 없다면 가장 재미있어 하는 과목을 선택하면 돼. 먼저 교과서를 한 번 읽고, 관련된 책 가운데 재미있는 책을 골라 읽는 거야. 처음부터 어려운 과목을 공부하면 자신감이 떨어지지만 좋아하는 과목을 먼저 공부하면 공부가 재미있게 느껴지고 성적이 올라 자신감이 생길 거야. 그러다 보면 어려운 과목에도 도전하고 싶은 마음이 생겨.

국어를 잘하는 영민이에게
추천하는 공부 순서
국어 → 사회 → 영어 → 수학, 과학

2. 혼자서 조용히 공부하기

여럿이 모여 마치 게임을 하는 것처럼 즐겁게 공부를 하는 친구들도 있어. 하지만 수줍음이 많은 친구들은 여럿이 모여 있으면 집중이 잘 안될 수 있어. 이런 친구들은 도서관이나 자기 방에서 혼자 차분하게 공부를 하는 것이 집중도 잘되고 훨씬 효과적이야.

3. 마음을 나누는 친구 만들기

마음이 안정되어야 공부가 잘돼. 특히 생각이 많고 혼자 있기 좋아하는 사람은 깊은 우정을 나눌 수 있는 진정한 친구가 꼭 필요해. 평생 함께할 친구는 당장의 성적보다 중요하니까. 깊은 우정을 나눌 수 있는 친구를 만들어 봐.

4. 느긋하게 기다리기

공부를 열심히 하는데도 성적이 오르지 않으면 초조하고 조바심이 날 거야. 자신은 물론 부모님들도 언제쯤 성적이 오를까 기다리게

되니까. 하지만 조바심이 날수록 불안한 마음이 들어 공부에 집중하기가 어려워져.
'이렇게 열심히 공부하는데 성적이 안 오르겠어?'라며 마음을 느긋하게 갖고 꾸준히 노력해 봐.

5. 나와 나를 비교하기

'나는 왜 내 짝꿍처럼 자신 있게 발표를 하지 못할까?'
'나는 왜 우리 반 반장처럼 영어 발음이 좋지 않을까?'
이렇게 나를 다른 사람과 비교하면 정말 발표도 못하고, 영어 발음도 좋지 않은 사람이 되고 말아. 자신과 남을 비교하는 일은 절대 금지! 나는 오직 나 자신하고 비교해. '지난달보다 수학 성적이 올랐을까? 지난번 숙제보다 이번이 더 잘했나?' 이렇게 나 자신과 하는 비교는 성장의 밑거름이 돼.

내성적인 친구에게는 이런 도움이 필요해!

"이렇게 쉬운 주문도 못 외웠니?"
"다른 마녀들은 다 잘하던데……."
나, 깜찍 마녀도 내성적인 성격이 아닌데 무심코 던진 엄마의 이런 말에 무척 움츠러들었던 적이 있었어. 나도 그랬는데 정말 소심하고 내성적인 친구들은 어른들의 작은 꾸중이나 비난에도 크게 상처를 받을 거야. 이런 친구들은 엄마에게 이렇게 부탁해.

"엄마, 저를 칭찬해 주세요. 작고 사소한 일이라도 '정말 잘했구나.', '우리 딸이 최고야.'라고 칭찬해 주세요. 그 말에 큰 용기를 얻어 엄마가 기대한 것 이상으로 더욱 열심히 할게요. 공부도 물론이고요. 그리고 조금 기다려 주세요. 제가 자신감을 가지고 행동하고 말하는 데는 시간이 필요하거든요."

직접 말하기 쑥스럽다면 엄마에게 편지를 써서 마음을 전해 봐. 엄마의 기대와 격려를 받으면 움츠러든 자신감이 활짝 피어날 거야.

모험심 강한 친구의 공부법

모험심이 강한 친구의 특징
① 엉뚱한 상상력을 발휘하는 것이 즐겁다.
② 모험을 좋아한다.
③ 한 가지 일에만 열중하면 금방 싫증이 난다.
④ 자신의 말에 사람들이 웃어 주는 것이 좋다.
⑤ 모든 사람이 나를 좋아한다고 생각한다.

활달하고 모험심이 많은 친구

우리 반에서 가장 재미있는 친구 김지선. 가장 인기 많은 친구 김지선. 우리 반 개그우먼 김지선.
지선이는 학교 다니는 내내 친구들에게 이런 말을 들었어. 지선이는 이런 칭찬이 모두 좋지만 특히 개그우먼 김지선이라는 표현을 가장 좋아해. 지선이는 분위기가 침울해지는 걸 참을 수가 없거든. 그래서 늘 엉뚱한 사고를 치고 다니지만 지선이의 인기는 식을 줄 모르지.
지선이는 새로운 일에 도전하는 것을 무척 좋아해. 사실은 같은 일을 오랫동안 하거나 단순히 반복하는 것을 싫어한다는 말이 더 맞을 거야. 그래서 야외 활동을 가면 언제나 말썽을 부리는 것도 지선이고, 캠핑을 갔다가 다쳐서 돌아오는 사람도 지선이야. 단순한 수학 계산 문제나 한자 쓰기 연습을 할 때면 좀이 쑤셔 화장실을 들락거리는 친구도 바로 지선이지.
엄마는 지선이가 얌전하게 공부하는 게 소원이라는데 어쩌지? 지선이는 배운 것을 또 보고 또 외워야 하는 반복 학습이 너무너무 지루하거든.

모험심 강한 친구에게 추천하는 공부법

1. 새로운 공부법 개발하기

모험심이 강한 친구들에게는 새롭고 재미난 공부법이 필요해. 책보다는 체험 학습이나 현장 학습을 통해 직접 배우는 걸 좋아하지.

미술관이나 박물관, 과학관에 가서 눈으로 보고, 만져 볼 수 있는 것은 직접 만져 보며 학교에서 배운 지식과 연결시키는 거야. 몸으로 배운 지식은 오랜 시간이 지나도 잘 기억나거든.

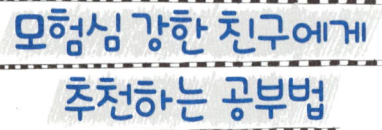

이 방법은 안 되겠어!

독서할 때도 책상 앞이나 도서관만 고집하지 말고 장소를 바꾸며 읽어 봐. 날씨가 좋으면 공원이나 놀이터에서, 비 오는 날에는 빗소리가 잘 들리는 베란다나 창가에 앉아 책을 읽는 거야. 공부할 때도 마찬가지야. 꼭 한자리에만 있어야 한다고 생각하면 답답하니까 책상, 식탁, 거실 등 장소를 바꾸며 공부해 봐. 단, 한 과목의 공부는 한자리에서 끝내야 효과적이란 걸 기억해!

2. 설렁설렁 예습하기

예습을 하면 수업 내용을 쉽게, 오래 기억할 수 있어. 하지만 반복 학습을 지루해하는 친구들은 예습을 하면 오히려 수업 시간에 집중이 안 돼. 이런 친구들은 교과서의 단원명과 학습 목표만 훑어보는 정도로 예습을 해 봐. 그리고 예습을 하며 한두 가지 흥미 있던 분야를 교과서나 참고서 이외의 다른 책에서 찾아보는 거야. 만약 국어에서 시 단원을 예습한다면 그 시인과 관련된 재미있는 이야기를 찾아보거나, 과학에서 화석 단원을 예습한다면 공룡 화석에 관한 책을 읽어 봐. 이런 방법의 예습은 반복 학습의 지루함을 덜어 주고 교과서에 나오는 지식을 보다 빨리 내 것으로 만들어 줘.

3. 계획을 크게 세우기

일일 공부 계획, 시험공부 계획, 한 학기 공부 계획, 방학 공부 계획 등 계획을 꼼꼼하게 세워 공부하면 효율적으로 공부할 수 있어.
하지만 하루하루 똑같은 계획을

반복하는 일일 공부 계획표가 지루한 친구라면 일 년 공부 계획 같은 큰 계획 한두 가지를 세워 실천하는 게 더 효과적이야. 나의 좌우명처럼 늘 기억할 수 있는 그런 계획 말이야.

'일 년 동안 바이올린을 마스터하겠다! 일 년 동안 책을 오십 권 읽겠다! 일 년 뒤 한자 3급을 따겠다!'

이런 식의 계획은 지루함을 느끼지 않게 하면서 목표도 잊지 않게 해 줘.

4. 참을성 기르기

아무리 재미있는 공부 방법을 생각하고 장소를 바꿔 가며 공부해도, 결국 공부에는 참을성이 필요해. 공부가 늘 즐겁고 신나는 일은 아니니까. 때로는 하기 싫은 것도 참고 해야 한다는 것을 잊지 마. 스스로를 통제할 수 있는 힘을 길러야 해. 지루하다고 그만두고, 어렵다고 금세 포기하면 아무 일도 할 수 없어. 미래를 위해, 내 꿈을 이루기 위해 지루해도 꾹 참겠다고 마음먹어 봐. 몸에 좋은 약이 입에 쓰다는 속담처럼 말이야.

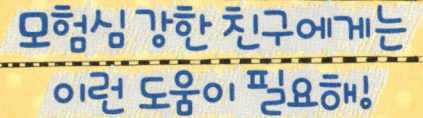
모험심 강한 친구에게는 이런 도움이 필요해!

요술 빗자루에서 가장 많이 떨어지는 마녀는? 모험심이 강한 엉뚱 마녀. 가장 멋진 빗자루 마술을 할 수 있는 마녀는? 그것도 모험심이 강한 엉뚱 마녀야! 엉뚱 마녀도 지선이처럼 모험심 강하고 톡톡 튀는 아이디어가 많거든. 이런 친구들은 호기심이 많아 무엇이든 직접

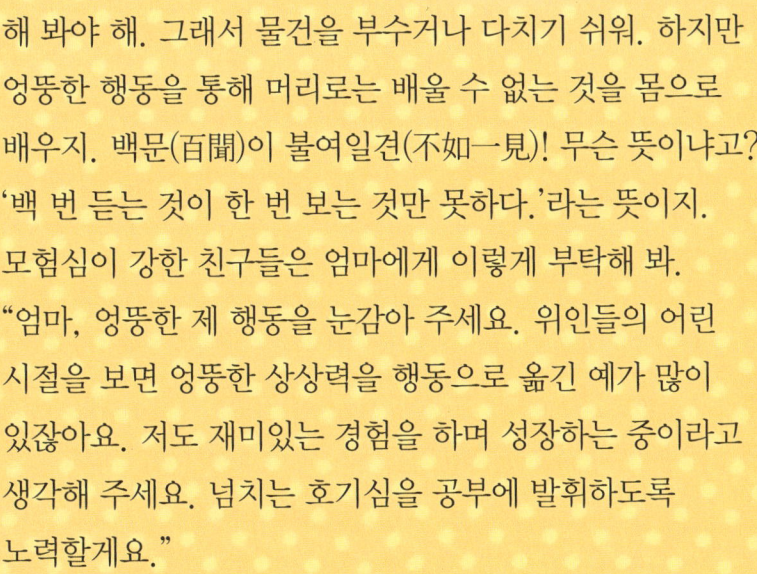

해 봐야 해. 그래서 물건을 부수거나 다치기 쉬워. 하지만 엉뚱한 행동을 통해 머리로는 배울 수 없는 것을 몸으로 배우지. 백문(百聞)이 불여일견(不如一見)! 무슨 뜻이냐고? '백 번 듣는 것이 한 번 보는 것만 못하다.'라는 뜻이지. 모험심이 강한 친구들은 엄마에게 이렇게 부탁해 봐.
"엄마, 엉뚱한 제 행동을 눈감아 주세요. 위인들의 어린 시절을 보면 엉뚱한 상상력을 행동으로 옮긴 예가 많이 있잖아요. 저도 재미있는 경험을 하며 성장하는 중이라고 생각해 주세요. 넘치는 호기심을 공부에 발휘하도록 노력할게요."

완벽주의 친구의 공부법

완벽주의 친구의 특징
① 책을 읽을 때는 반드시 맨 앞부터 읽는다.
② 깔끔하게 정리하는 것을 좋아한다.
③ 모든 일에 무척 성실하다.
④ 내 자신의 실수를 용서하기 힘들다.
⑤ 늘 시간이 부족하다는 생각이 든다.

꼼꼼하고 완벽한 것을 좋아하는 친구

규민이는 한마디로 모범생이야. 규민이의 외모만 보아도 알 수 있지. 반듯하게 가르마를 갈라 넘긴 머리, 목까지 단추를 꼭 채운 티셔츠.

규민이의 책상은 늘 정리되어 있고, 가방 속 책들도 줄을 맞추어 들어 있어. 수업 시간에도 허리를 꼿꼿하게 세우고 얼마나 바른 자세로 앉아 있다고. 메모를 할 때도 깨끗하게, 책에 밑줄을 그을 때도 꼭 자를 대고 그어. 모범생답게 규민이는 공부도 곧잘 해. 그런데 규민이는 늘 상위권 성적을 유지하긴 해도 한 번도 일등을 한 적이 없어. 다른 친구들보다 수업도 잘 듣고, 공책 정리도 잘하고, 공부도 훨씬 많이 하는데 규민이는 왜 일등을 하지 못할까? 규민이도, 엄마도 이해할 수 없는 일이야.

규민이만 늘 시간이 부족해서일까? 수업 시간에 칠판에 적은 것을 다 옮겨 적지 못했는데 수업 시간이 끝나 버리는 경우가 종종 있거든. 그뿐만이 아니야. 책을 읽는 시간도, 시험공부 하는 시간도, 시험 문제를 푸는 시간도 규민이는 다른 친구들보다 시간이 더 걸려.

"나보다 공부도 안 하고, 수업 시간에 장난만 치는 친구들보다 성적이 더 나쁠 때도 있는데, 도대체 왜 그럴까요?"

이번 시험이 끝난 뒤에도 규민이는 불만으로 볼이 퉁퉁 부었어.

완벽주의 친구에게 추천하는 공부법

1. 정리하느라 중요한 것 놓치지 않기

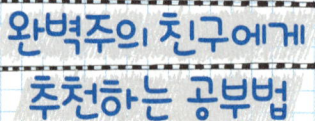

꼼꼼한 완벽주의 친구의 책상은 어떨까? 반듯하게 정리된 책과 공책, 먼지 하나 없는 책상. 이런 친구들은 교과서에 밑줄을 그을 때도 자로 반듯하게 긋고, 책이나 공책에 메모를 할 때도 예쁘고 깔끔하게 하려고 애쓸 거야. 깔끔하게 정리하는 것도 좋지만 정리에 너무 많은 시간을 빼앗기는 것은 곤란해. 특히 노트 정리는 깔끔하고 보기 좋은 것보다는 중요한 것을 빠른 시간 내에 적은 다음, 두고두고 활용하는 것이 중요하지. 중요한 부분을 메모할 때에는 우스꽝스러운 그림이나 커다란 별표로 표시할 수도 있어. 보기에는 좀 우습더라도 나중에 잘 기억이 나도록 말이야. 대신 알아볼 수 있는 쉬운 그림과 표시여야 해!

2. 나무만 보지 말고 숲을 보기

완벽주의 친구들은 국어를 어려워 해. 책도 많이 읽고, 국어 수업 시간에도 집중하는데 왜 그럴까? 그건 나무만 보고 숲을 못 보기 때문이야. 아무것도 틀리지 않고, 작은 것 하나도 잊어버리지 않으려고 신경을 쓰다

보니 자잘한 것들은 잘 기억하지만 지문 전체나 이야기 전체의 흐름은 이해하지 못하는 거야.

글을 읽을 때 중요한 것은 단어의 뜻이나 문장의 뜻이 아니라 작가의 의도와 글의 주제 그리고 글을 읽고 난 후 나의 감상이라는 것을 잊지 마.

또한 국어 문제는 정답이 없거나 여러 개일 수도 있는데, 완벽주의 친구들은 이런 경우 무척 당황해. 정답은 하나라는 원칙에 묶여 있기 때문이지. 하지만 글을 읽고 독자가 해석을 달리할 경우, 여러 개의 답이 나올 수도 있다는 것을 잊지 마.

특히 토론이나 논술을 할 때에는 이 점을 꼭 기억하고 폭넓게 생각하는 습관을 가져.

저 사과가 자꾸만 신경 쓰여.

3. 여러 방식 시도하기

문장으로 된 수학 문제를 풀 때는 먼저 식을 세워야 해. 이럴 때 완벽주의 친구들은 학교에서 배운 방법으로만 식을 세우지. 하지만 수학 문제의 정답은 하나지만 답을 맞히는 과정은 여러 가지일 수 있어. 여러 생각을 통해 다양한 식을 세울 수 있는 것이 바로 수학의 묘미야. 여러 가지 방법으로 답을 찾아 가는 것은 창의성을 기르는 데 좋은 방법이야.

4. 몸과 마음 휴식하기

모범생은 늘 몸과 마음이 피곤해. 숙제나 공부를 계획한 제시간에 해야 하고, 학교도 늦으면 안 되니까. 언제나 규칙을 잘 지키고, 남이 보지 않아도 나쁜 행동은 절대 하지 않아. 하지만 모범생이라고 늘 긴장하고 살면 피곤하지 않겠니? 가끔은 완벽을 추구하느라 지친 몸과 마음을 푹 쉬어 줘. 휴식도 좋은 공부 방법의 하나야. 그러고 나면 공부도, 생활도 훨씬 즐거워질 거야.

완벽주의 친구에게는 이런 도움이 필요해!

완벽한 마법! 모든 마녀들의 꿈이야. 하지만 처음부터 너무 완벽한 마법 주문을 바라면 안 돼. 실수를 하지 않으려고 지나치게 긴장을 하면 몸도 피곤하고, 마음도 피곤해서 어처구니없는 실수를 하기 쉽거든. 그러니까 '실수를 해도 괜찮다.', '사람은 누구나 실수를 할 수 있다.'며 여유로운 마음을 가져. 우리는 아직 어린데, 억지로 어른스럽거나 완벽하게 보이려고 애쓰지 마.

완벽해지고 싶지만, 그것 때문에 항상 피곤한 친구들, 엄마에게 이렇게 부탁해 봐. "엄마, 저는 어른이 아니에요. 엄마 앞에서는 긴장도 하지 않고 어리광도 피우고 싶을 때가 있어요. 재미있게 놀다 보면 방을 어지럽힐 수도 있고, 중요한 일을 깜빡하고 잊어버릴 때도 있어요. 그런 저에게 실망하지 않고 항상 사랑해 주세요."

언제 공부하는 게 좋을까?

인간 세계에는 아침 일찍 일어나는 새가 벌레를 많이 잡는다는 속담이 있다지? 마녀 세계에는 아침 일찍 일어나는 벌레는 새에게 잡아먹힌다는 속담이 있어. 아침 일찍 일어나는 좋은 습관도 모두에게 다 좋은 것은 아닌가 봐. 사람마다 기분이며 몸 상태가 좋은 시간이 다르니까. 어떤 사람은 새벽에, 어떤 사람은 오전에, 어떤 사람은 한밤중에 가장 집중력이 좋고 몸도 가벼워. 가장 좋은 공부 시간은 내 몸 상태가 가장 좋은 시간이야. 그 시간이 아침이든 저녁이든 상관없어.

아침 6시면 저절로 눈이 떠지는 아침형 어린이라면 학교 가기 전에 공부를 조금

하고 가. 아침에는 집중력이 필요한 수학, 과학 등의 과목을 공부하면 효과적이야.

밤 열 시가 넘어야 눈이 초롱초롱해지는 저녁형 어린이라면 밤에 공부하는 게 좋겠지? 하지만 밤에 공부하면 된다는 생각으로 낮 시간을 마냥 놀면서 보내면 안 돼. 사실 밤에는 뇌가 피곤해져서 아침보다 집중력이 떨어지거든.

밤에는 암기 과목을 공부하는 게 효과적이야. 막 잠들기 전에 외운 내용은 잠자는 동안에도 기억에 남는대. 하지만 아무리 밤에 집중이 잘되더라도 너무 늦게까지 안 자면 안 돼. 밤늦게까지 깨어 있으면 건강에 좋지 않고, 그 다음 날 학교에 가서 몰려오는 졸음 때문에 수업에 집중할 수 없으니까.

국어는 독서다!

국어를 잘하는 친구

국어는 좋은 성적을 유지하기 쉽지만 백 점을 맞기는 힘든 과목이야. 국어에서 최고의 점수를 받고 싶다면, 특히 논술에서 좋은 성적을 받고 싶다면, 폭넓게 공부를 해 봐.

논술을 위해서는 평소 여러 분야의 책을 많이 읽고, 신문이나 뉴스도 챙겨 보는 것이 좋아. 특히 신문 사설을 읽는 것은 좋은 논술 공부야. 신문을 볼 때는 여러 신문사의 신문들을 두루두루 읽어 보며 다양한 의견을 접하는 게 중요해.

읽기 연습을 충분히 했다면 직접 주제를 정해 글을 써 봐. 친구들과 함께 같은 주제로 글을 쓴 후 바꿔 읽어 보면 나와 다른 사람의 의견을 알 수

있어서 재미있을 거야. 각자의 주장을 바탕으로 토론을 해 보면 말하기, 듣기, 읽기 세 가지 공부를 함께 할 수 있어. 그리고 학년이 올라갈수록 책이 어려워지는 이유 중의 하나가 한자가 많아지기 때문이야. 그러니 한자 공부를 열심히 해 두면 많은 도움이 될 거야.

국어 성적이 중간인 친구

성적이 중간인 친구들, 그동안 재미있는 동화책은 많이 읽었지? 지금부터는 다양한 분야의 책을 읽자. 조금은 어렵더라도 인물, 자연, 환경, 역사 등을 다룬 책을 읽는 폭넓은 독서를 해 봐. 국어뿐 아니라 다른 과목 공부에도 도움이 될 거야.

또 글쓰기에 좀 더 자신을 가져. 자신감이 없는 글은 읽는 사람을 힘 빠지게 만들거든. 자신감은 논술 실력의 기본이지.

국어 공부의 기본인 맞춤법, 문장 부호, 표현 방법 등이 부족하면 교과서의 문장 중 마음에 드는 것을 공책에 옮겨 적는 연습을 해 봐. 어느새 문장 실력이 늘어 있을걸?

국어에 자신 없는 친구

국어 성적이 나쁜 친구들은 말하기, 듣기, 쓰기 중 특히 듣기에 집중해야 해. 집중해서 잘 들을 수 없다면, 또 들은 내용을 이해하고 기억하지 못한다면, 국어뿐 아니라 다른 과목도 잘할 수 없어.

열심히 들어도 이해를 할 수 없다면 엄마에게 교과서에 나온 설명문이나 논설문 등을 읽어 달라고 해서 자꾸 듣는 연습을 해 보는 것도 좋아.

수업 시간에는 주위에서 무슨 소리가 나더라도 신경 쓰지 말고 선생님 말씀에만 집중하는 연습을 해.

글쓰기가 어렵다면 하루 삼십 분씩 일기 쓰기에 집중해 봐. 관찰 일기나 그림일기, 편지 등의 다양한 형식으로 써 보는 거야. 날마다 새로운 단어나 표현을 하나씩 만들어 보는 것도 글쓰기 공부에 좋은 방법이야.

2% 부족한 국어 실력을 채우는 어휘력

마법 주문을 만들었는데 뭔가 부족하다면, 너무 단순한 어휘를 썼기 때문이야. 국어 공부를 열심히 하는데 국어 실력이 부족한 까닭도 어휘력 부족에 있지. 다양한 어휘는 마법 주문도, 국어 실력도 쑥쑥 올려 줄 거야.

💭 다양한 책을 읽어.

1. 다양한 분야의 책 읽기
역사, 과학, 수학, 미술, 음악 등 여러 분야의 책을 읽는다면 다양한 어휘 표현을 접할 수 있어.

2. 하루에 새로운 단어 하나씩 사용하기
새로운 단어를 하루에 하나씩 사용해 봐. 친구들과 대화를 할 때나 일기를 쓸 때 그 단어에 어울리는 문장을 만들다 보면, 어휘력이 튼튼해질 거야.

💭 하루에 한 단어씩!

3. 어휘 놀이 하기
비슷한 말 찾기, 반대말 찾기, 끝말잇기 등 어휘를 이용한 놀이를 즐겨 봐.

독후감, 멋지게 쓰는 비결

'《공포의 마녀 학교》를 읽었다. 루마니아에 사는 백작 부인 마녀가 직접 겪은 일을 썼다고 한다. 참 재미있었다.'
이런 느낌의 독후감, 지겹지? 새롭고 독특한 형식인 나만의 독후감을 쓰는 방법, 없을까?

1. 나만의 이야기 만들기

내가 작가가 되었다고 생각하고 이야기를 다시 만들어 봐. 나쁜 짓을 일삼는 악당이 알고 보니 변신한 착한 주인공이었다고 바꿔 보는 것도 재미있겠지?

2. 주인공 되어 보기

내가 주인공이라면 어떻게 했을까? 구름을 타고 다니는 손오공이나 악당을 물리치는 용감한 무사가 된다고 생각만 해도 정말 멋지지 않아?

3. 제목 바꾸기

책을 다 읽은 후 나라면 이 책에 어떤 제목을 붙였을까 생각해 보는 거야. 내가 지은 제목이 원래 제목보다 훨씬 멋질지도 몰라.

4. 그림 그리기

책을 읽고 난 후의 느낌을 그림이나 만화로 표현해 봐. 자신의 생각을 그림으로 표현하는 것은 상상력과 창의력을 키우는 데 아주 좋은 방법이야.

5. 다음 이야기 잇기

책을 읽고 결말의 뒤를 이어 새로운 이야기를 만들어 봐. 만약 책 내용이 비극으로 끝나서 너무 슬펐다면 행복한 결말로 끝나도록 다시 만들어 보는 거야.

수학은 이해다!

수학을 잘하는 친구

공부를 잘하는 친구들은 4학년쯤 되면 계산 문제 정도는 술술 풀 수 있을 거야. 문장으로 이루어진 문장제 문제나 도형, 함수 등 이해가 필요한 문제는 조금 어려울 수 있지만 말이야.

수학은 피라미드 같은 학문이야. 초등학교 때 배운 것을 중학교, 고등학교에서 심화된 과정으로 배워 나가. 그래서 처음에 원리를 잘 이해하지 못하면 수학은 계속 어렵게 느껴질 거야. 수학 원리를 충분히 이해한 다음, 부족한 부분은 문제를 많이 풀어 보는 것으로 보충해야 해.

성적이 좋은 친구들은 선행 학습을 많이 하지? 하지만 미리 공부하는 선행 학습보다는 예습과 복습을 통해 지금 배우고 있는 것을 확실하게 공부하는 것이 더 효과적이야.

수학 성적이 중간인 친구

날마다 삼십 분씩 수학 공부에 투자해 봐. 먼저 교과서의 개념과 원리를 이해하고, 다양한 문제 유형을 풀어 보는 거야. 중요한 것은 '날마다'라는 거야. 겨우 삼십 분씩 공부해서 성적이 오르겠냐고? 분명히 올라. 그런데 삼십 분 동안 단 한 문제를 풀더라도 개념을 확실히 이해하는 것이 중요해. 이렇게 습관처럼 수학 공부를 하다 보면 문제를 보는 순간 내 손이 먼저 식을 만들고 답을 쓰고 있을 거야.

다른 과목의 성적보다 특히 수학 성적이 낮은 친구들은 혼자 공부하는 인터넷 강의보다는 학원이나 개인 과외를 받는 것이 더 도움이 돼. 잘 모르는 게 있으면 바로바로 질문할 수 있으니 말이야.

수학에 자신 없는 친구

수학이 몹시 어려운 친구들은 수와 연산 공부부터 다시 시작해. 수학 공부에서 가장 기본적인 계산 능력이 부족하면 수학에 자신감을 갖기 어려우니까.
아직도 손가락을 꼽으며 계산 문제를 풀고 있는 것은 아닌지, 자릿수에 대한 개념은 명확한지, 나눗셈을 어려워하는 것은 아닌지 등 자신의 문제점을 정확히 찾아낸 다음, 부족한 부분의 문제를 많이 풀어 봐. 이런 연습을 통해 부족한 부분이 조금 나아졌다면 다양한 문제를 많이 풀어 보며 연산 능력을 키우는 거야. 빨리 푸는 것보다 한 문제라도 정확하게 푸는 게 훨씬 더 중요해.
수학 성적이 좋지 않은 경우, 학원보다 부모님의 도움을 받으며 자신에게 맞는 수준의 연산을 연습하는 게 좋아. 연산 능력이 좋아지면 수학 교과서에 나오는 문장제 문제를 중심으로 수준을 천천히 올려 봐. 아무리 공부해도 수학에

흥미가 생기지 않는다고? 그렇다면 틈틈이 재미있는 수학 이야기책을 읽어 봐. 엉뚱한 수학자 이야기, 신기한 수학의 발견 이야기 등의 흥미로운 이야기책을 읽다 보면 지루하고 어렵게 느껴지던 수학이 재미있는 학문이라는 것을 깨닫게 될 거야.

와~, 정말 신기하다!

수학 문제를 풀 때 실수하지 않는 법

1. 문제를 끝까지 두 번 읽는다.
2. +, -, ×, ÷ 등 연산 기호를 잘못 적거나 괄호를 빠뜨려 계산이 틀리는 일이 없도록 한다.
3. 시험지의 여백에 문제를 풀지 말고 반드시 연습장이나 빈 종이에 문제를 옮겨서 푼다.
4. 연습장에 문제를 풀 때도 숫자를 또박또박 적는다.
5. 문장제 문제는 꼭 풀이 과정과 답을 모두 적는다.

문장제 문제를 제대로 파악하려면?

문제가 무엇을 묻는지 이해했다면, 이미 답의 반은 알고 있는 거야. 하지만 긴 문장제 문제를 읽다 보면 뭘 묻는지 헷갈리기도 해. 이럴 때는 문장을 조각내 봐.

예) 문제 : 45명씩 손님을 태운 버스가 35대 있습니다. 버스에 탄 손님은 모두 몇 명입니까?

〈문제 조각내기〉
1. 문제에서 묻는 것: 버스에 탄 손님은 모두 몇 명인가?
2. 주어진 조건: 손님 45명, 버스 35대
3. 계산에 필요한 셈: 곱셈
4. 식 만들기: 주어진 조건과 필요한 셈을 결합시킨다. 45×35= 1575
5. 답: 버스에 탄 손님은 총 1,575명이다.

단순한 문제라 아주 쉽게 풀 수 있지? 학년이 올라갈수록 점점 더 복잡한 문장제 문제를 만나게 될 거야. 하지만 아무리 길고 복잡한 문제라도 조각조각 나누면 해결할 수 있어.

이야기로 푸는 스토리텔링 수학

아홉 살인 핑크 마녀는 빨리 어른이 되고 싶었어.
"할머니, 어른이 되는 마법 수프를 만들어 주세요. 네?"
핑크 마녀가 조르자 할머니는 마법 수프를 만들어 주었어.
"한 모금에 두 살씩 많아지는 마법 수프란다."
핑크 마녀는 처음에 딱 다섯 모금을 마셨어. 그런데 아직 고등학생인 거야. 그러자 핑크 마녀는 꿀떡꿀떡 삼십 모금을 마시고 거울을 쳐다보았어.
"아악~!"
핑크 마녀는 할머니가 된 제 얼굴을 보고 깜짝 놀랐어. 핑크 마녀는 대체 몇 살이 되었을까?

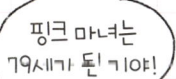

핑크 마녀는 79세가 된 거야!

이 이야기에는 수학이 숨어 있어. 이렇게 이야기 속에서 수학의 원리를 찾는 것을 '스토리텔링 수학'이라고 해. 이런 문제를 잘 풀려면 하나의 문제에서도 여러 가지 해결 방법을 생각해야 해. 같은 문제라도 나만의 해결 방법을 찾는 창의력이 중요하거든.

영어는 자신감이다!

영어 성적이 좋은 친구

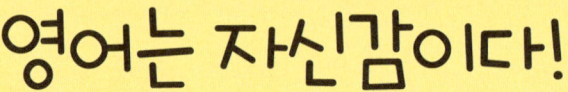

영어 성적은 곧잘 나오지만 영어로 말하기는 두렵다고? 영어에 대한 자신감이 부족해서 그래. 영어는 자신감이 매우 중요하거든.
평소 영어 비디오를 보거나, 영어 동화를 큰 소리로 읽어 봐. 영어 일기 쓰기도 좋아. 영어 일기가 어렵게 느껴진다면 처음에는 첫 문장만 영어로 쓰다가 차츰 두 문장, 세 문장, 조금씩 늘려 봐. 이런 작은 노력이 모이면 영어에 대한 자신감도 생기고 실력도 쌓이겠지? 영어 말하기 대회에 도전해 보는 것도 영어 자신감을 쌓는 데 도움이 될 거야.
영어는 반복 학습이 중요해. 지금 잘한다고 게으름을 피우면 금세 잊어버려. 언제나 꾸준히 공부하는 게 중요해.

영어를 잘 못하는 친구

외국인을 만나면 아무 생각도 나지 않는다고? 우리말만 잘해도 잘 살 수 있다고? 물론 그렇지. 하지만 영어를 잘하면 해외여행을 할 때도 편하고, 외국인 친구도 사귈 수 있어서 좋아. 무엇보다 영어는 다른 과목보다 더 재미있게 공부할 수 있는 과목이니 열심히 하다 보면 분명 영어 공부의 즐거움에 푹 빠질걸?

영어 동화 테이프를 반복해서 듣고 영어 만화 영화를 반복해서 시청해 봐. 차츰 영어 단어와 표현이 귀에 들리며 내용이 이해되기 시작할 거야. 친구들과 영어로 대화하거나 영어 연극을 해 보는 것도 추천할게.

외국인을 만나 영어로 이야기할 때에는 꼭 어려운 단어나 표현을 쓸 필요는 없어. 영어로 이야기할 때에는 발음이나 문법보다 중요한 게 바로 자신감이니까.

자신감을 갖고 네가 하고 싶은 말을 일단 시작해 봐.

보고 듣고 말하는 재미난 영어 공부법

나, 깜찍 마녀도 인간의 언어를 처음 공부할 때 힘들었어. 어릴 때 인간 유치원에 다닌 것도 아니고, 인간 과외 선생님도 없었거든. 난 책과 비디오를 통해 혼자 공부했지. 그게 정말 가능하냐고? 물론이지. 어떤 마녀라도 혼자서 인간의 언어를 공부할 수 있어. 인간들도 우리 마녀의 말은 물론 다른 나라의 말인 영어를 혼자, 재미있게 공부할 수 있지.

1. 영어 그림책 외우기

영어가 익숙하지 않은 친구들은 영어 그림책을 읽어 봐. 그림으로 내용을 짐작할 수 있는 그림책이야말로 최고의 영어 교재니까. 모르는 단어가 있어도 당황하거나 멈추지 말고 무조건 읽어. 영어 문장을 통째로 외울 때까지!

2. 영어 애니메이션 영화 보기

하나의 애니메이션 영화를 반복해서 보면 조금씩 영어가 귀에 들릴 거야. 물론 한글 자막이 없는 영화여야겠지?

평일에는 하루에 1시간 이상 보고, 주말에는 평일보다 조금 더 많이 보는 게 좋아. 하나의 영화를 반복해 보는 게 지겹다면 서너 개의 영화를 번갈아 가며 봐도 괜찮아.

3. 영어 오디오 CD 활용하기

영어가 좀 익숙해졌다면 영어 오디오 CD를 들으며 듣기 연습을 해 봐. CD를 선택할 때에는 책이 함께 구성되어 있는 것을 선택해. 책 한 페이지에 모르는 단어가 10개 이상이 되지 않는 수준의 것을 골라야 해.

처음에는 CD만 들으며 듣기 연습을 하다가 책을 보며 CD를 따라 읽는 거야. 하루에 10~20분씩 CD를 들으며 따라 읽으면 나도 모르는 사이에 영어 읽기 실력과 듣기 실력이 올라갈 거야.

4. 저절로 되는 영어 말하기

듣기와 읽기 공부만 하고 말하기 공부는 언제 하냐고? 듣기 공부와 읽기 공부를 꾸준히 하다 보면 어느 순간 내 입에서 영어가 툭 튀어나오게 돼. 많은 시간과 노력이 필요하지만 포기하지 않으면 누구나 할 수 있어. 절대 포기하지 마.

과학은 호기심이다!

과학을 잘하는 친구

과학을 좋아하고, 과학 성적이 좋고, 이다음에 커서 과학자가 되고 싶은 친구라면 다양한 과학책을 많이 읽도록 해. 특히 사진이나 세밀화 그림이 나오는 과학책이 도움이 될 거야.

새 학기가 시작하기 전, 새로 받은 과학 교과서를 미리 훑어보고 관련 있는 과학책 목록을 뽑아 읽으면, 학교 공부에 도움이 될 거야.

과학 공부를 할 때 이해가 안 되는 부분이 있다면 참고서보다는 백과사전이나 도감에서 찾아봐. 참고서보다 다양한 정보와 지식을 접할 수 있어서 훨씬 재미있게 공부할 수 있어. 이렇게 얻은 지식은 학년이 올라갈수록 더욱 빛을 발하게 되지.

과학책을 읽다 보면 공전, 기체 등과 같은 어려운 용어들이 나올 거야. 국어 사전이나 과학 자습서를 찾아 무슨 뜻인지 정확히 이해하고, 해당되는 한자도 익혀 두는 것이 좋아.

어려운 용어가 과학 공부를 방해할 수 있지만 찬찬히 한자 공부를 해 두면 문제없겠지?

과학에 자신 없는 친구

과학은 '왜?'라는 호기심만 가지면 즐겁게 공부할 수 있는 과목이야. 과학책을 읽어도 특별한 호기심이 생기지 않는다면, 호기심을 키워 줄 방법을 찾아봐. 과학 실험 교실, 과학관, 동물원, 식물원 등을 찾아 실험이나 체험 학습의 기회를 갖는 것도 좋은 방법이야.

집에서도 간단한 과학 실험에 도전해 봐. 과학 실험을 제대로 하기 위해서는 실험에 필요한 준비물을 철저하게 준비해야 해. 문구점에서 파는 실험 재료들을 사는 것도 좋지만 실험 재료를 직접 만들거나 구해 보는 것이 더 오랫동안 기억에 남을 거야. 과학 실험을 할 때에는 반드시 주의 사항을 지키고 어른과 함께하도록 해!

과학 호기심을 채워 줄 체험 학습

마녀들이 제일 좋아하는 과목은 과학이야. 과학은 꼭 마법 같거든. 원리를 모르면 신비로워 보이고, 원리를 알고 나면 더 신기하지.

과학에 호기심이 별로 없다면 과학을 즐겁게 접할 수 있는 과학관으로 체험 학습을 떠나 봐. 과학관에 가면 다양한 자료와 과학 기구를 살펴보고, 직접 실험도 할 수 있어. 실험을 통해 얻은 지식은 이해하기 쉽고 오래 기억돼. 천체 현상을 관측하는 천문대를 방문해 보는 것도 신나겠지? 책에서만 보던 별자리를 천체 망원경으로 직접 확인하고, 유성이 비처럼 쏟아지는 유성우나 혜성을 보는 등 특별한 경험을 할 수 있어.

과천 국립 과학관 등 과학 기관의 프로그램에 참여하는 것도 좋아. 신기한 과학 세상을 만나면 과학에 대한 흥미가 쑥쑥 솟을 거야.

사회는 체험이다!

사회를 잘하는 친구

사회 과목은 우리가 살고 있는 세상을 이해하는 과목이야. 친구들과 함께 동네를 둘러보고 지도를 그려 보거나, 박물관 또는 공공 기관 등을 견학한 뒤 견학 일기를 써 보는 것도 재미있는 사회 공부야.
역사는 역사를 배경으로 한 재미있는 책을 읽으면 쉽게 이해할 수 있어.

역사를 만화로 구성한 학습 만화도 좋아. 덕수궁이나 창경궁 같은 고궁을 방문하거나 역사 박물관, 민속 박물관 등을 방문해서 옛날 사람들이 어떻게 살았는지 직접 보고 느껴 보는 것도 도움이 될 거야.
4학년 때부터 도표와 그래프가 나와서 조금 어렵게 느껴질지도 몰라. 도표를 읽는 방법과 통계를 내어 그래프를 그리는 요령을 미리 익혀 두면 도움이 될 거야.

사회에 자신 없는 친구

사회는 쉬운 것 같은데, 막상 공부를 하려면 무엇을 해야 할지 모르겠다고? 교과서부터 읽으면 돼. 학습 목표를 생각하며 교과서를 꼼꼼히 읽으면 사회를 왜 배우는지, 어떤 점이 재미있는지 알 수 있어. 사회는 암기 과목이 아니야. 우리가 살고 있는 동네, 도시, 국가, 세계에 대해 배우고 이해하는 학문이야. 내용을 마구 외우기보다는 머릿속에 그림을 그리면서 이해하는 것이 중요해.

우등생 소녀들의 신문 활용법

1. **매일매일!** 그날 가장 중심이 되는 기사, 재미있는 기사 등을 찾아 매일 한 개씩 스크랩하는 습관을 들인다.
2. **분야별로!** 사회, 과학, 문화 등 분야별로 따로 스크랩하면, 교과 공부에 도움이 된다.
3. **내 느낌까지!** 스크랩한 기사 옆에 나의 느낀 점이나 의견 등을 적는다.

역사 공부를 재미있게 하려면?

나는 사회 공부 중에서 역사 공부가 가장 재미있어. 특히 마녀 세계의 숨겨진 역사를 가장 좋아해. 어릴 때 《마녀의 흑역사》라는 흥미진진한 만화책을 보고 반했거든.

역사 공부도 역사 만화, 역사 동화를 보듯 전체적인 역사 이야기를 파악하면 아주 쉬워. 머릿속에 역사 이야기가 그려지면 연도, 지명, 왕의 이름 등을 짐작할 수 있지.

역사를 주제로 한 드라마를 보고 역사를 이해해도 좋아. 단, 역사 드라마는 꾸며진 부분이 많으니까 궁금한 점이 생기면 다른 자료를 통해 다시 한 번 확인해야 해.

호박의 역사를 알아볼까?

주제를 정해서 역사 공부를 하는 것도 재미있어. 고려의 건국, 임진왜란, 정몽주 등 사건이나 인물을 주제로 정하고 관련 정보를 찾아봐. 다양한 정보를 통해 전체적인 역사의 흐름을 파악할 수 있어. 내가 정한 주제에 맞는 역사 체험 학습을 떠나 보는 것도 신나겠지?

컴퓨터는 공부 방해꾼?

성적을 올리기 위해 책상 위에서 당장 쫓아내야 할 물건은? 요술 거울, 개구리 과자, 마녀 스마트폰, 그리고 컴퓨터야. 하지만 컴퓨터는 어떻게 사용하느냐에 따라 공부에 도움이 되기도 해. 어떻게 사용해야 할까?

1. 컴퓨터를 멀리하고 백과사전과 친해지기

컴퓨터는 다양한 정보를 쉽게 찾을 수 있고, 사진 자료를 구해 숙제도 할 수 있어. 인터넷에는 마치 모든 분야의 백과사전이 통째로 들어 있어서 필요한 정보를 쉽고 빠르게 얻을 수 있지. 그런데 컴퓨터를 멀리해야 하는 이유가 바로 이것 때문이야. 너무 쉽게, 너무 빨리! 백과사전을 직접 뒤적여 필요한 정보를 찾아내 요약하며 손으로 옮겨 적으면, 컴퓨터를 통해 자료를 얻는 것보다 과정은 복잡하고 시간이 좀 걸리더라도 오랫동안 기억에 남아. 컴퓨터를 통해서는 기본적인 자료나 참고 자료만 찾도록 해.

2. 내 방에서 컴퓨터 치우기

공부를 하려고 컴퓨터를 켰는데 자꾸 인터넷 게임이 유혹한다고? 이런 유혹에 조금이라도 흔들린다면 컴퓨터를 멀리해. 어떤 친구들은 숙제를 편하게 할 수 있다는 유혹에 빠지기도 해. 인터넷에 숙제를 올리고 '요약해 주세요.', '답을 찾아 주세요.'라고 써 놓는 거야. 그리고 다른 사람이 올려 준 자료를 그대로 베껴 가는 거지. 이런 방법으로 숙제를 하면 숙제를 통해 아무런 지식도 얻을 수 없어. 그리고 이런 숙제를 학교에 가져가는 건 선생님과 친구들, 나 자신을 속이는 일이야.

컴퓨터를 다른 식구들이 볼 수 있는 거실 등의 장소에 놓으면 나쁜 유혹에 빠지지 않고 꼭 필요할 때만 쓸 수 있어.

스마트한 인터넷 학습 사이트

인터넷을 처음 봤을 때 얼마나 놀랐다고. 마법 세계는 곧 문을 닫을 줄 알았지. 인터넷은 마법보다 더 마법처럼 모든 정보를 모아 놓았으니까.

마녀 나라에도 인터넷이 있었다면, 나는 자기주도학습으로 우등생이 되었을 거야. 자기주도학습은 스스로 계획하고, 스스로 실천하고, 스스로 평가하는 공부법이야. 하지만 혼자 하려니 좀 막막하기도 하지. 이럴 때에는 자기주도학습 관련 인터넷 사이트의 도움을 받으면 좋을 것 같아.

자기주도학습 사이트에서 스스로 공부 계획을 세우는 데 도움이 되는 자료를 살펴보고 공부 계획을 세워 봐. 학교 숙제나 예습, 복습,

시험 준비 등 혼자 하기에는
막막했던 공부에 도움이 될 거야.
인터넷 동영상 강의를 신청해서
듣는 것도 좋아. 친구들 앞에서는
창피해서 큰 소리로 하지 못했던 영어
발음도 혼자 인터넷 강의를 들을
때에는 큰 소리로 할 수 있겠지?
동영상 강의가 지루하다면 선생님과 화상
통화로 공부할 수 있는 강의를 선택해도 좋아.
인터넷을 이용해 공부를 할 때에는 시간을 정해 공부하고,
다 끝나면 컴퓨터를 바로 꺼야 해. 공부를 조금 하고
인터넷의 놀이 바다에 빠져 공부한 시간보다 더 많은
시간을 보낸다면 얻는 것보다 잃는 게 더 많을 테니까!

정보의 바다 인터넷, 무조건 믿으면 안 돼!

교과서나 사전은 전문가가 쓰고 검수와 편집의 과정을 거쳐 나오지만 인터넷의 정보는 여러 사람들이 마구잡이로 올려. 그러다 보니 정확하지 않거나 잘못된 정보가 있기도 하지. 개인이 운영하는 사이트나 카페 등에 올라온 정보를 무조건 믿어서는 안 돼. 백과사전이나 전문 기관의 자료를 잘 찾아봐야 해.

바보 상자? 똑똑 상자!

나, 깜찍 마녀의 최대 약점은? 텔레비전을 너무너무 좋아한다는 거야. 특히 아이돌 오빠들이 나오는 음악 프로그램.

공부를 해야 하는데, 텔레비전에서 눈길이 떨어지지 않을 때가 정말 많아. 역시 텔레비전은 공부를 방해하는 바보 상자일까?

그런데 텔레비전을 잘 이용하면 똑똑 상자가 될 수도 있대. 텔레비전을 통해 여러 분야의 지식을 얻을 수 있으니까. 과학, 환경, 동물 등 다양한 주제와 세계 곳곳에서 일어나는 일들을 주제로 만든 다큐멘터리는 우리가 경험하기 어려운 신기한 세계를 보여 주기 때문이야.

뉴스, 교양 프로그램들을 보면 상식이 풍부해져. 뉴스를 보다 관심이 가는 기사나 사건, 인물 등이 생기면 신문, 인터넷, 책에서 자세히 찾아봐. 상식이 풍부해지고 훌륭한 논술 공부가 될 거야.

텔레비전에 나오는 신기하고 놀라운 것은 친구들과 대화를 나누고 토론하는 데 좋은 소재가 되기도 해.

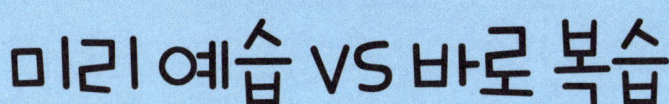

미리 예습 VS 바로 복습

마녀 요리 시간에는 백 줄짜리의 복잡하고 어려운 마법 수프 요리법을 꼭 외워야 해. 미리 예습을 하는 게 더 잘 외워질까, 복습을 하는 게 나을까? 예습, 복습을 다 하면 좋겠지만 시간이 없다면 어느 것을 하면 더 좋을까? 그래서 예습, 복습의 장단점을 따져 비교해 봤어.
미리 예습을 하면 다음 날 수업이 귀에 쏙쏙 들어오지만 아는 내용을 또 배우는 것 같아서 막상 수업 시간에는 집중력이 떨어지기도 해.
그리고 오늘 배운 내용을 바로 복습하면 오랫동안 기억에 남는 효과가 있지만 복습하는 내용이 지루하게 느껴질 수도 있어. 그럼 효과적인 예습, 복습 방법은 뭘까?

예습으로 자신감 UP!

효과적인 예습과 복습 방법
예습: 학습 목표를 살펴보고 교과서 한 번 읽기, 어려운 내용 미리 체크하기.
복습: 교과서와 노트 필기 읽기, 이해 안 되는 부분은 참고 자료를 통해 꼭 해결하기.

공부만큼 중요한 휴식 시간

똑똑한 마녀가 되기 위해서는 공부도, 휴식도 열심히! 잘 쉬어야 공부도 잘되거든. 어떻게 쉬는 게 잘 쉬는 걸까?

1. 50분 공부하고 10분 휴식하기

한 과목을 50분 공부하고 10분 동안 휴식해. 휴식 시간 뒤에는 다른 과목을 공부하는 거야.

2. 휴식 시간에는 눈도 휴식하기

텔레비전을 보거나 컴퓨터, 책을 보면 눈도 피로를 느껴. 휴식 시간에는 눈을 감거나 눈 주위를 마사지해 쉬게 해 줘.

3. 일주일에 하루는 자유 시간 갖기

일주일 중 하루는 공부를 잊고 푹 쉬어. 목욕을 하거나 산책을 하고, 하루 종일 재미있는 동화책이나 만화책을 보며 즐겁게 보내면 몸과 마음이 상쾌해질 거야.

음악을 들으며 공부할까?

난 공부할 때 너무 조용하면 불안해. 벽에서 나쁜 마녀가 튀어나올 것 같기도 하고, 까마귀가 불길한 소식을 물어 올 것 같거든. 그럴 땐 음악을 들으며 공부해. 단, 음악 소리는 조금 작게.

주변 소리가 방해해서 공부가 잘 안 된다는 친구들도 있지? 이럴 때는 음악이 도움이 돼.

단순한 계산 문제를 풀거나 암기 과목을 공부할 때 규칙적인 리듬의 음악을 들으며 공부하는 것이 더 효과적일 때도 있어. 힙합 같은 음악을 들으며 그 박자에 맞춰 외우면 더 쉽게 외워지지. 하지만 음악을 들으며 공부하는 것이 모든 친구에게 좋은 방법이 되는 건 아니야. 음악을 들으며 공부하면, 음악에 신경이 쓰여 공부에 집중이 안 되는 경우도 많아. 자신의 경우에는 어느 쪽이 더 공부가 잘되는지 생각해 봐.

공부 효과를 높일 수 있는 음악은 마음을 차분하게 가라앉히는 잔잔한 연주곡이나 클래식 음악이야.

댄스곡, 랩, 헤비메탈 같은 음악은 공부할 때 듣기에 좋지 않아. 특히 가사가 있는 음악은 음악의 가사와 공부하고 있는 글이 뇌에 동시에 언어 자극을 주기 때문에 공부에 방해가 돼.

음악 대신 추천하는 자연의 소리

너무 조용하면 불안하고, 음악을 틀면 집중이 안 된다고? 그럼 빗소리, 파도 소리, 새 소리 등 자연의 소리를 추천할게.

또 라디오 주파수가 안 맞을 때 나오는 지지직 소리나 에어컨 소리 같은 백색 소음은 주변의 소음과 만나 시끄러운 소리를 막아 줘. 소음 때문에 방해가 된다면 백색 소음을 틀어 놓고 공부해 봐.

똑똑한 시험공부 전략

마녀 주술 경시대회를 앞두고 무조건 열심히 공부했어. 하지만 일등을 놓쳤어. '무조건 열심히'보다 '나만의 전략'을 짜서 똑똑하게 대비할 걸 그랬어. 너희도 시험공부를 할 때 무조건 열심히만 하지 말고 자신만의 전략을 짜서 시험에 대비해 봐!

전략1 - 시험공부 계획 세우기

시험공부는 적어도 시험 2주 전에 시작해야 해. 중학교나 고등학교에 가면 시험 3주 전부터 시작해야 하지. 시험공부 계획표를 세울 때 가장 중요한 것은 공부 시간 분배와 공부 순서야. 평소 어렵다고 생각하는 과목을 가장 먼저 시작하도록 해. 그렇다고 너무 오랫동안 한 과목을 붙잡고 있으면 안 돼. 학습 목표와 요점을 중심으로 공부한 뒤 다른 과목으로

영어 공부를 가장 먼저!

넘어가야 해.
또 자신 없는 과목과 자신 있는 과목을 번갈아 가며 공부하는 것도 지루하지 않게 공부할 수 있는 방법이야. 시험공부 계획표를 세우기 전에는 시험 범위를 다시 한번 확인하고, 노트 정리는 잘되어 있는지, 선생님이 수업 시간에 나눠 주신 자료는 있는지 잘 확인해야 해.

전략2 - 시험 예상 문제 뽑기

교과서와 노트를 보며 중요한 내용을 이해하고 문제집까지 풀었다면 기본적인 시험공부는 마친 거야. 이제 시험 예상 문제를 뽑아 보는 일만 남았어. 교과서와 노트를 보며 내가 만약 선생님이라면 어떤 문제를 낼까 생각해 봐. 이 방법은 논술 시험이나 주관식 문제를 해결하는 데 아주 효과적이야.

친구들과 서로 시험 예상 문제를 바꾸어 보면 내가 놓친 부분을 보충할 수도 있어.

전략3 - 시험 전날은 차분히 보내기

계획표에 맞추어 성실하게 공부했다면 시험 전날에 불안해하거나 무리해서 공부할 필요가 없어. 내가 냈던 시험 예상 문제를 훑어보고, 문제집에서 틀렸던 문제만 확실하게 익혀 두면 돼. 그리고 일찍 잠자리에 드는 게 좋아. 푹 자야 시험 날 아침에 맑은 정신으로 일어날 수 있을 테니 말이야.

전략4 - 우등생의 시험 요령 알아 두기

① 시험 문제를 풀기 전까지 외운다.

잘 외워지지 않는 것이 있을 때에는 끝까지 중얼거리며 외우다가 시험지를 받는 즉시 한 귀퉁이에 적어 놔. 중요한 수학 공식이나 역사적 사건, 이름 등이 외워지지 않을 때 이용하면 좋은 방법이야.

② 시험 시간을 잘 분배한다.

시험지를 받으면 먼저 시험지 앞뒤를 훑어보고 시간을 분배해야 해. 뒷부분에 복잡하고 어려운 문제가

있는 줄도 모르고 앞부분을 너무 천천히 풀면 시간이 부족할 수도 있어.

③ 시험 문제를 끝까지 읽는다.
모든 답은 문제에 들어 있어. 맞는 답을 찾는 문제인지, 틀린 답을 찾는 문제인지 꼼꼼히 읽어 봐.

④ 모르는 문제에 당황하지 않는다.
모르는 문제가 나와도 당황하지 말고 문제와 보기를 잘 읽어 봐. 보기에서 확실한 오답을 하나씩 지우다 보면 답을 고르기 쉬워. 도저히 모를 때는 과감하게 포기하고 다른 문제로 넘어가.

⑤ 꼼꼼하게 검토한다.
시험 문제를 다 풀고 시간이 남았다면 엎드려 졸지 말고 처음부터 끝까지 실수한 것은 없는지 한 번 더 검토해.

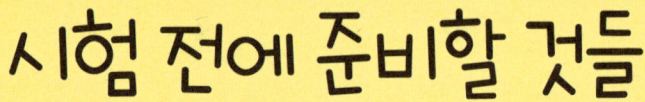

시험 전에 준비할 것들

주술 공부를 하면 약초 시험이 걱정이고, 약초 공부를 하면 마법 역사 시험이 걱정이고……. 이 똑똑한 깜찍 마녀도 시험이 다가올수록 마음이 급해져 집중이 안 돼. 하지만 이렇게 불안해하며 시간을 보낼 수는 없겠지?
너희도 시간에 쫓기고 마음이 급해져 시험공부를 망치고 싶지 않다면 시험 보기 전에 미리 시험 목표를 정해 봐. 평균 점수 5점 이상 올리기, 가장 자신 없는 과목인 수학 점수 10점 이상 올리기 등 나만의 목표를 정하고 그 목표에 맞는 계획을 세워 하나씩 실천하는 거야.
그리고 또 준비할 것은 자신감!
목표를 이룰 수 있다는 믿음과 자신감을 가지고 공부를 하면 좀 더 침착한 자세로 계획에 맞추어 공부할 수 있어.

시험 날 아침에 꼭 할 일

1. 제시간에 일어나기

시험 날 아침에 늦잠을 자면 서둘러 준비해 부랴부랴 학교에 오느라 정신이 없어서 시험 시간에 집중하기 어려워. 늦잠을 자지 않으려면 시험 전날에 평소처럼 잠자리에 드는 게 좋겠지?

2. 아침밥 꼭 먹기

시험 날 아침에는 아침밥을 챙겨 먹는 게 두뇌 활동에 좋아. 아침밥은 부담없이 평소에 먹던 대로 먹고, 되도록 소화가 잘되는 음식을 선택해. 평소에 아침밥을 먹지 않는다면 집중력 향상에 좋은 초콜릿을 하나 먹어도 좋아.

3. 요점 정리 훑어보기

학교에 가서 "공부 하나도 못 했어."라며 친구들과 수다를 떨지 말고 자리에 조용히 앉아서 요점 정리한 것을 훑어봐.

4. 차분히 마음 가라앉히기

시험 시작종이 울리면 눈을 감고 심호흡을 해. 마음이 차분해지면 시험에 더 집중할 수 있어.

시험 보고 꼭 해야 할 일

우등생 마녀의 보물1호는 마법 주문 노트? 천만에, 오답 노트야. 시험에서 틀린 문제와 해설을 오답 노트에 정리해 두면 다음 시험 때 도움이 돼. 우등생의 오답 노트는 어떻게 정리할까?

1. 시험 본 날 정리한다.
시험 본 날 바로 틀린 문제를 오답 노트에 정리해야 해. 그래야 기억에 오래 남아서 다시는 틀리지 않아.

2. 색깔 펜을 사용한다.
색깔 펜을 두 개 정도 준비해서 강조하고 싶은 부분을 표시해. 너무 여러 색을 사용하면 복잡해서 한눈에 쏙 들어오지 않아.

3. 반드시 문제에 대한 설명을 함께 적는다.
오답 노트는 그냥 틀린 문제와 답만

적는 게 아니야. 틀린 문제에 대한 설명도 함께 적어야 해. 공책을 세로로 이등분해서 왼쪽에는 문제와 답을 적고, 오른쪽에는 설명을 적어.

4. 틀린 이유를 적는다.
문제를 끝까지 읽지 않아 실수로 틀린 문제에는 빨간 세모, 몰라서 틀린 문제에는 빨간 별, 헷갈려서 틀린 문제에는 파란 동그라미 등 자기 나름대로 표시해 둬. 또 맞은 문제더라도 찍어서 맞힌 문제라면 오답 노트에 적어 두어야 다음에는 알고 맞히겠지?

5. 시험의 종류와 과목, 단원을 표시한다.
각 문제마다 어느 시험에 나왔는지 표시하고, 과목과 단원도 적어 둬. 특히 단원 표시는 자신이 약한 단원이 어디인지 알아보는 데 좋은 자료가 돼.

시험 전날, 오답 노트만 열심히 봐도 성적을 올리는 데 큰 도움이 될 수 있어. 평소 문제집을 풀고 난 후에도 틀린 문제를 오답 노트에 정리하는 습관을 가져 봐.

공부가 쉬워지는 한자의 힘

복잡하고 어려운 한자. 꼭 우리 마녀 세계의 글자 같아. 이렇게 복잡한 한자를 꼭 공부해야 하냐고 묻는 친구가 많아. 하지만 한자를 알면 공부가 훨씬 쉬워져. 한자는 옛날부터 사용되었기 때문에 과학이나 수학, 국어 등 공부에 필요한 용어들이 한자로 된 경우가 많거든. 우리가 어려운 말이라고 느끼는 것 대부분이 한자라고 해도 될 정도야.

한자로 된 어려운 과학 용어

과학은 마법이고, 놀이고, 요리고, 생활이야. 마술 케이크를 만들 때나 미끄럼틀과 그네를 탈 때 등 우리는 항상 과학 속에서 생활하고 있으니 말이야.

그런데 과학은 한자이기도 해. 학년이 올라갈수록 과학책에 한자들이 마구 등장하거든.

"침식, 운반, 퇴적? 이게 다 무슨 말이야?"

딱딱한 과학 용어들을 보면 '악' 소리가 절로 나오지?

과학 공부에 정이 뚝 떨어질 정도로 말이야. 그럴 땐 과학책을 덮어 버리지 말고 사전을 찾아봐.

한자는 왜 공부해야 할까?

침식, 운반, 퇴적, 지층, 분수, 통분, 자연수, 원주, 원주율……. 이 용어들은 과학과 수학 교과서에 자주 등장하는 용어야. 무슨 뜻인지 잘 모르겠다고? 그럼 용어 하나를 사전에서 찾아볼까?

> **퇴적(堆積)**
> 많이 덮쳐져 쌓임, 또는 많이 덮쳐 쌓음
> 퇴(堆): 쌓다, 쌓이다, 놓다, 언덕
> 적(積): 쌓다, 많다, 모으다

퇴적(堆積)은 언덕처럼 높이, 많이 쌓인다는 뜻이야. 과학책에서 볼 수 있지. 어때? 한자를 알고 나니까 용어의 뜻을 쉽게 이해할 수 있겠지? 학년이 올라갈수록 과학과 수학 교과서에 한자로 된 용어가 많아져. 한자를 모르면 과학, 수학의 개념까지 알기 어려워지는 거야.

그래서 한자 공부가 꼭 필요한 거야.
그런데 한자 공부는 너무 어렵다고? 한자는 복잡하게 생겨서 외우기도 어렵고 한 글자가 여러 뜻을 가지고 있어서 해석하기도 헷갈린다고? 깜찍 마녀님이 쉽고 재미있게 한자를 익힐 수 있는 방법을 가르쳐 줄게.
서예를 배우며 한자를 익혀 봐. 서당에서 천자문을 배우듯 한 자, 한 자 소리 내어 쓰다 보면 마음도 차분해지고 한자도 익힐 수 있지.

나도 '마녀'를 한자로 쓸 줄 안다고!

재미있는 만화와 한자가 함께 구성된 책을 읽어 보는 건 어때? 한자가 어렵다는 생각이 사라질걸?
여러 공부 방법 중에서 자기에게 맞는 방법을 찾아 실천해 봐. 하루에 한자를 한 두 단어씩이라도 외우며 꾸준히 공부하다 보면 어느새 모르는 용어가 사라질 거야.

한자를 쉽게 익히려면?

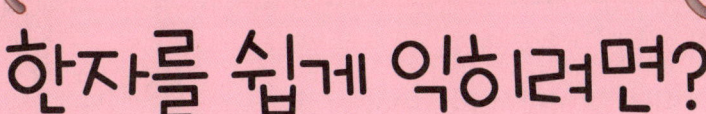

'수리수리 마수리. 한자 2000자를 한번에 머릿속에 넣어라.'
마법 주문으로 공부하면 얼마나 좋을까? 하지만 한자 공부에 왕도는 없어. 여러 방법 중 내게 맞는 방법을 찾는 수밖에.

1. 딱 1800자만 외운다.

고등학교를 졸업할 정도의 영어 실력을 갖추려면 5000여 단어 정도는 외워야 한대. 그런데 한자는 딱 1800자만 외우면 돼. 우리가 자주 쓰는 한자 1800자만 알면 중학교, 고등학교는 물론 사회 생활을 할 때도 한자 때문에 불편한 일은 거의 없을 거야.

2. 반복하고 또 반복한다.

한자를 외우는 일은 길고 지루한 싸움이야.

매일같이 반복을 하는 수밖에는 뾰족한
수가 없어. 눈으로 보고, 손으로 쓰고,
소리 내어 말하면서 되풀이하는 것!
그것이 한자 공부를 하는 최선의
방법이야.

3. 부수는 무조건 외운다.

옥편에서 한자를 찾아본 적이 있니?
국어사전에서 우리말을 찾을 때 ㄱ, ㄴ, ㄷ……의 차례에
따라 찾는 것처럼 한자는 부수로 찾아. 부수는 우리말로
따지자면 ㄱ, ㄴ, ㄷ……이며, 영어의 알파벳처럼 한자의
기본이 되는 글자야.

부수는 아주 간단한 한자로, 부수 자체도 음과 뜻을 가지고
있고, 다른 글자의 부수로써의 역할도 해. '마음 심(心)'은
마음이라는 뜻을 가진 독립된 글자이지만, '은혜 은(恩)'의
부수이기도 하지. 부수만 다 외워도 한자 정복을 쉽게
성공할 수 있어.

많이 쓰는 부수

·水 물 수	·人 사람 인	·火 불 화
·犬 개 견	·心 마음 심	·日 날 일
·足 발 족	·木 나무 목	·手 손 수
·月 달 월	·言 말씀 언	·雨 비 우

4. 자주 쓰는 한자, 같은 한자가 들어간 단어부터 외운다.

하수도(下水道), 홍수(洪水), 수재민(水災民), 수로(水路)

위 단어들의 공통점은 뭘까? 바로 '물 수(水)'가 있어 물과 관계된 말임을 알 수 있어. 하수도는 더러운 물이 흘러가도록 만든 설비를 말하고, 홍수는 비가 많이 와서 물이 넘치는 것을 말해. 수재민은 홍수로 피해를 입은 사람, 수로는 물길을 뜻하지.
우리 생활에서 많이 쓰이는 '물 수(水)' 등의 한자를 익히고 그 한자들이 들어간 단어를 외워 두면 공부에 도움이 돼.

다음 단어들의 공통점과 뜻도 찾아볼래?

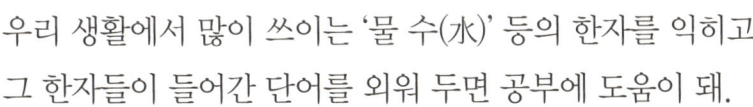
해양(海洋), 해군(海軍), 해물(海物)

해양은 넓고 큰 바다, 해군은 주로 바다에서 임무를 수행하는 군대, 해물은 바다에서 나는 동식물을 뜻해. 이 단어들의 공통점은 바로 '바다'라는 것을 알겠지?

공부에 도움이 되는 책들

공부를 잘하려면 독서가 필수야. 마녀 세계의 책부터 인간 세계의 책까지 어떤 책을 읽어도 좋아. 하지만 아직 책과 친하지 않다면, 어떤 책을 골라야 할지 막막할 거야. 그렇다면 다음과 같은 순서로 골라 보면 어떨까?

1. 관심 있는 분야의 책

관심 있는 분야의 책을 읽다 보면 재미를 느끼고 점점 독서에 흥미를 갖게 될 거야. 그러면 다른 분야의 책에도 관심이 생기면서 다양한 책을 읽게 되지. 내가 읽은 책들이 연결, 연결되어 결국에는 공부에도 도움이 될 거야.

2. 공부와 관련된 책

당장 해야 하는 공부가 갑자기 어렵게 느껴진다면 그 내용과 관련 있는 책을 읽어 봐. 만약 역사 공부를 하는 데 잘 이해가 안 된다면 역사책 중에서 재미있게 느껴지는 책을 찾아 읽어. 재미있게 읽은 책과 공부해야 할 내용이 합쳐지면 오랫동안 기억할 수 있어.

3. 오래오래 사랑받는 고전과 명작

딱히 끌리는 책이 없다면 오랫동안 많은 사람에게 사랑받아 온 고전이나 명작은 어때? 재미도 있고 논술 시험에도 도움이 될 거야.

만화책은 어떠냐고? 역사, 인물, 과학 등 여러 분야의 좋은 만화책도 참 많아. 하지만 어릴 때부터 만화 같이 짧은 글의 책만 읽다 보면 긴 글을 이해할 수 있는 능력이 길러지지 않아.
나중에 시험에 나오는 국어 지문조차 너무 길게 느껴져 이해할 수 없으면 큰일이겠지? 공부에 가장 도움이 되는 독서 방법은 만화책, 동화책, 그림책, 백과사전 등 여러 분야의 책을 골고루 읽는 거야.

조용히들 해. 오랜만에 책 좀 읽자.

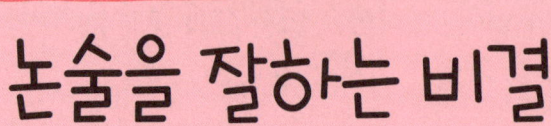

논술을 잘하는 비결

공부를 잘하는 마녀들도 '논술하시오.'라는 문제를 보면 가슴이 턱 막히곤 해. 알고 보면 논술은 그렇게 어려운 문제가 아닌데도 말이야. 논술을 잘하는 비결을 알려 줄까?

1. 많은 지식과 다양한 경험을 쌓는다.

논술은 내 생각을 주장하는 글이야. 읽는 이가 내 글을 읽고 고개를 끄덕이도록 작성해야 해. 그러기 위해서는 독서를 통해 많은 지식을 쌓고 다양한 경험을 통해 폭넓은 생각을 하는 연습이 필요해. 그것이 논술을 잘하는 첫 번째 비결이야.

2. 논리적인 순서로 쓴다.

논술에 특별한 형식은 없어. 하지만 보통 주장을 맨 앞이나 뒤에 쓰고, 중간에는 주장을 뒷받침해 주는 근거를 적어. 주장을 맨 앞에

쓸 경우 주장을 확실히 보여 줄 수 있어서 좋아. 주장을 마지막에 쓸 경우에는 독자가 주장에 대한 근거를 잘 이해한 다음이기 때문에 설득하기 쉽다는 장점이 있어.

3. 명확한 표현으로 문장을 완성한다.

논술에 맞는 단어와 문장이 따로 있는 것은 아니지만 어떤 문장이라도 내용을 명확하게 전달할 수 있어야 해. 여러 뜻을 포함한 단어나 읽는 사람에 따라 다르게 해석할 수 있는 애매한 문장은 내 주장을 방해할 수 있어.

여러 단어로 문장 만들기!

4. 분량에 맞춰 쓴다.

논술 시험의 경우 400자, 600자 등 분량을 미리 정해 주는 경우가 대부분이야. 하고 싶은 말이 아무리 많아도 분량에 맞춰 주장과 근거를 알맞게 나눠 써야 해.

5. 맞춤법과 띄어쓰기를 확인한다.

논술은 잘 썼는데 맞춤법과 띄어쓰기가 엉망이라면? 만약 대학 입학시험에서 그랬다면 점수가 깎일 일이지. 평소 논술을 연습할 때 원고지에 또박또박 쓰면서 맞춤법과 띄어쓰기를 확인해 보도록 해.

6. 나만의 개성을 드러낸다.

다른 사람이 생각하지 못한 독창적인 내 생각을 드러내는 것이 가장 좋은 논술이야. 때로는 논술이 패션보다 내 개성을 잘 드러낼 수 있으니까.

호박은 나만의 개성 있는 소품이야.

토론을 잘하는 비결

마녀들의 토론장은 언제나 떠들썩해. 논리적인 말과 함께 다양한 마법이 번쩍번쩍 오가기 때문이야. 그런데 토론을 잘하는 마녀일수록 마법을 잘 안 써. 논리적인 말만으로도 상대를 잘 설득할 수 있기 때문이지.
토론은 논술과 비슷하지만, 글이 아닌 말로 자기 의견을 주장한다는 점이 달라. 그래서 토론할 때는 조리있게 말하기와 남을 배려하는 마음이 필요해. 토론의 비결을 알려줄까?

1. 다른 사람의 말을 잘 듣는다.
내 주장을 펼치는 것만큼 다른 사람의 말을 잘 듣는 것도 중요해. 상대방의 말을 잘 이해해야 그것에 동의하거나 반대할 수 있으니까.

2. 내 의견만 고집하지 않는다.
내 주장에 합당한 근거를 대고, 다른 사람이 틀렸다는 것을 증명하는 것이 토론이지만 무조건 내 주장이 옳다고 억지를 쓰는 것은 토론자의 올바른 태도가 아니야.

3. 큰 소리로 당당하게 말한다.

자신감이 부족한 친구들은 혹시나 실수를 할까 걱정스러워 큰 소리로 말하는 것을 두려워하기도 해. 하지만 내용이 조금 틀리거나 내 주장에 동의하는 사람이 없으면 어때? 내 생각을 큰 소리로, 당당하게 말해 봐. 우리는 토론을 통해 새로운 것을 배우려는 학생들인데 좀 틀려도 괜찮아.

4. 쉬운 표현으로 말한다.

토론을 할 때는 모든 참가자가 이해하기 쉬운 표현을 사용해야 해. 잘난 척하려고 어려운 한자나 화려한 꾸밈말을 너무 많이 사용하면 정작 전달해야 할 의견을 듣는 사람이 잘 이해하지 못할 수 있어.

5. 말로 하기 어려울 경우 먼저 글로 써 보자.

토론이 너무 어렵게 느껴진다면, 우선 주제에 대한 생각을 글로 써 보고, 큰 소리로 읽으며 연습을 해 봐. 자꾸 연습하다 보면 말로 표현하는 것에 자신감이 붙을 거야.

서술형 문제를 푸는 열쇠

마법 대결에서 진 날, 요술 빗자루를 잃어버린 날, 이렇게 속상하고 화가 나는 날에는 일기를 써. 엉망인 감정을 글로 마구 쓰고 나면 기분이 조금 풀리거든.
일기는 서술형 문제를 공부하는 데에도 도움이 돼. 일기는 내 머릿속의 생각들을 정리하고, 다양한 글감을 찾고, 여러 가지 표현을 해 보는 글쓰기의 기초 작업이거든.
일기를 쓰면 글솜씨가 좋아지고, 글솜씨가 좋아지면 논술, 서술형 문제에 강해질 수 있어. 공부에 도움이 되는 일기 쓰기, 시시하다 생각 말고 제대로 한번 해 볼까?

아~, 속상해.

1. 글감 찾기

일기의 글감은 평범한 일상에서 찾는 것도 좋지만 내 머릿속에 있는 나만의 글감을 찾아 쓰면 더 특별한 일기가 될 거야.

봄이 오면 봄비나 개나리꽃을 생각하고, 맛있는 만두를 먹으면서 만두의 유래에 대해 생각하고, 가을바람이 불면 가을에는 왜 쓸쓸해질까 생각하고……. 생각은 날마다 새로우니까 글감을 얼마든지 찾을 수 있어. 생활 속에서 글감을 찾으려고 일부러 특별한 이벤트를 만들어 낼 필요가 없어.

2. 다양한 형식으로 길게 쓰기

글감을 생각했다면 길게 쓰는 연습을 해 봐. 달랑 세 줄 쓰는 일기로 논술의 기초를 잡을 수는 없어. 날마다 일기의 형식을 다르게 해서 쓰는 것도 좋아. 하루는 서론, 본론, 결론으로 나누어 설명문을 쓰고, 여행을 다녀온 날에는 기행문을, 가끔은 운율을 생각하며 시를 써 봐.
이렇게 하루 한 편씩 다양한 형식의 일기를 쓰다 보면 글쓰기 실력이 쑥쑥 늘어날 거야.

100점 맞는 문제집 활용법

요술 빗자루를 타는 법을 처음 배울 때, 엄마의 빗자루가 몹시 타고 싶었던 적이 있어. 그런데 몰래 타고 나갔다가 내 몸집에 맞지 않은 큰 빗자루 때문에 고생을 했지. 문제집도 마찬가지야. 내 수준에 맞는 문제집 선택이 중요해. 수준에 맞지 않는 문제집은 공부에 대한 흥미를 떨어뜨리거든.

문제집은 복습을 하기에 좋은 방법이야. 많이 풀 필요는 없지만, 숙제를 끝낸 후 시험 보기 전에 공부한 내용을 정리하는 기분으로 풀어 보는 게 좋아.

내가 쓴 답이 틀렸을 때는 해설집을 바로 확인하지 마. 교과서와 참고서를 보고 왜 틀렸는지 확인한 뒤 해설집의 설명을 읽어. 그러면 그 문제를 정확히 이해할 수 있을 거야.

매일매일 학습지 활용법

1. 한 가지를 꾸준히 푼다.

집으로 배달되는 학습지는 꾸준히 하면 성적 향상에 도움이 되도록 구성돼 있어. 그래서 적어도 일 년 동안은 한 가지를 꾸준히 푸는 것이 좋아.

2. 꼭 필요한 과목만 한다.

영어, 논술, 수학, 과학, 한문 등 학습지를 많이 한다고 해서 공부를 잘하는 것은 아니야. 꼭 필요한 과목만 골라 한두 개 정도만 해.

3. 미루지 않는다.

학습지를 한 번 미루면 분량이 두 배, 세 배로 쌓여서 결국 손도 대기 싫어져. 미루지 않고 그날그날 하는 것이 가장 중요해.

예술가가 되고 싶다면?

내 단짝 친구 뮤즈 마녀는 음악가야. 마법보다 음악이 좋아서 마녀 학교 대신 예술 학교를 다녔대. 이처럼 음악, 미술, 태권도 등 예체능 분야가 적성에 맞는다면 예술가, 체육인을 꿈꾸어도 좋겠지!? 그런데 언제부터 본격적으로 예체능 공부를 해야 할까?

예체능 공부는 언제 시작할까?

훌륭한 예술가들은 아주 어렸을 때부터 천재적인 재능을 나타내는 경우가 많아. 그래서 예체능을 전공하려는 친구들 중에는 말도 제대로 못하는 어린아이 때부터 공부를 시작하기도 해. 하지만 너무 어릴 때 시작하면 오히려 흥미가 금방 떨어질 수 있어. 스스로 호기심을 느낄 나이에 취미로 시작해서 초등학교 5학년 무렵부터 본격적으로 배우는 게 바람직해. 예체능으로 대학 입시를 준비하는 건 고등학교 무렵부터 시작해도 늦지 않아.
초등학교 때는 전공 한 가지를 정해 그것만 연습하는 것보다 다양한 공부와 경험, 독서를 하는 게 좋아. 훌륭한 예술가가 되려면 풍부한 상상력과 호기심이 더 중요하기 때문이야.

음악을 전공하고 싶다면?

음악을 공부하고 싶다면 가장 먼저 피아노를 배우는 게 좋아. 피아노를 통해 음악과 가까워질 수 있고, 기본 음감을 익힐 수 있기 때문이지. 여섯 살 정도면 피아노를 배우기 시작할 수 있어.

피아노를 배운 다음에는 현악기, 관악기, 금관 악기 순으로 악기를 배우고 성악은 그다음에 시작하는 게 적당해.

바이올린이나 첼로 같은 현악기는 초등학교 고학년쯤 돼서 시작해도 늦지 않아. 그러니 고학년 때 현악기를 시작해서 자신이 소질이 있다는 걸 깨달았다 해도 늦은 게 아니니 너무 걱정하지 말도록!

플루트나 오보에 등의 관악기와 트럼펫 같은 금관 악기는 호흡이 중요하기 때문에 5학년 이후에 시작해야 해. 그 전에는 관악기와 금관 악기를 다루는 것이 힘들 거야.

미술을 전공하고 싶다면?

미술은 머릿속의 상상력을 이미지로 만들어 내는 작업이야. 상상력과 창의력을 발달시키는 게 중요하지. 우수한 미술 작품을 감상하거나 다양한 재료로 미술 활동을 하며 미술의 기본을 익히면 공부에 도움이 될 거야. 디자이너가 될 거라서 이런 공부는 필요 없다고? 그렇지 않아. 패션 디자인, 인테리어 디자인, 북 디자인 등 모든 디자인의 기본은 미술이거든. 주로 선에 의해 이미지를 그려 내는 기술인 데생부터 차근차근 배운 뒤 내가 흥미를 느끼는 분야, 가장 잘하는 분야를 찾아봐. 미술의 역사, 유명 디자이너들의 이야기를 담은 책을 읽으며 기본 교양을 쌓는 것도 도움이 되겠지?

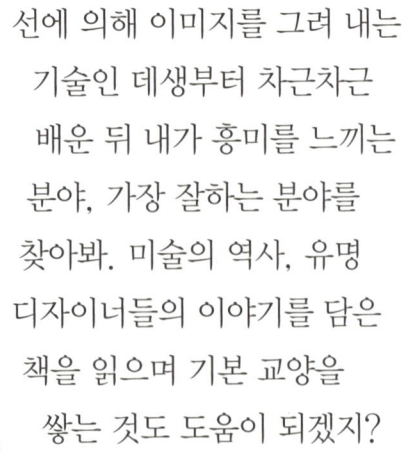

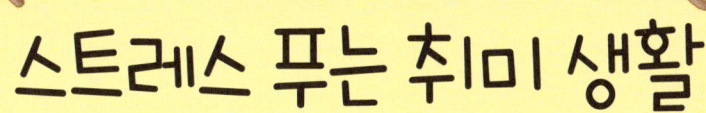

스트레스 푸는 취미 생활

내 취미는 우아한 피아노 연주! 깜찍 마녀의 이미지에 딱 맞지? 하지만 진짜 내 취미는 막춤이야. 음악을 크게 틀어 놓고 땀이 뻘뻘 나게 뛰고 흔들면 스트레스가 다 풀려. 이렇게 취미 생활을 통해 스트레스를 풀면 기분도 좋고 공부할 때 집중도 잘돼.
아직 취미가 없다고?
자신이 좋아하고 즐길 수 있는 것이라면 뭐든지 취미가 될 수 있어. 혹시 공부에 도움이 되는 취미를 찾는다면 운동 어때? 앉아 있는 시간이 많은 학생들에게 운동은 최고의 취미야. 함께하는 배드민턴, 탁구, 피구도 좋고, 혼자 하는 줄넘기, 요가, 댄스 모두 스트레스가 확 풀리지.

스트레스를 확~ 날려 버려!

방학을 알차게 보내려면?

<u>흐흐흐</u>, 이 마녀 웃음의 정체는? 방학이 되어 흘리는 기쁨의 웃음이지. 이제 자유다! 그런데 우등생이 되려면 방학 때도 공부만 해야 할까? 방학을 알차게 보내는 방법을 알아보자.

1. 즐겁게 논다.

학교 다니는 동안 놀고 싶은 마음을 꾹꾹 참았지? 방학이 되면 신나게, 즐겁게 실컷 놀아. 단, 계획을 짜서 놀아야 해. 방학 첫날부터 3일 동안 실컷 놀기, 방학 동안 주말에 실컷 놀기 등 계획적으로 놀기로 약속해.

2. 한 가지 목표를 세운다.

방학 때 하고 싶은 것들을 생각하니 너무 많지? 하지만 욕심을 부리면 아무것도 이룰 수 없어. 하루 한 시간 피아노 치기, 일주일에 두 번 도서관 가기 등 딱 한 가지 목표만 세워 꼭 실천해 봐.

3. 실천 가능한 계획을 짠다.

빡빡한 계획을 짜 놓고 지키지 않는다면 아무 소용없겠지? 조금 느슨하더라고 지킬 수 있는 계획을 짜서 꼭 실천해. 특히 학교 다닐 때와 똑같이 일찍 일어나겠다는 계획을 세워 놓고 매일 늦잠 자는 건 곤란해. 차라리 30분 정도만 늦게 일어나기로 하고, 매일 지키는 게 나아.

4. 독서 계획을 꼭 세운다.

방학은 책을 읽기 아주 좋은 시간이야. 다음 학기, 다음 학년에 배울 내용을 참고하여 방학 동안에 읽을 독서 목록을 짜고, 하루에 한 시간 이상 규칙적으로 책을 읽어 봐.

초등학교 마지막 겨울 방학, 어떻게 보낼까?

초등학교 마지막 겨울 방학!
무엇을 할까? 중학교에 올라가면 공부가
어려워질 테니 공부만 할까? 학원을 몇 군데
더 다녀야 하나? 마음이 불안하기도 하고
설레기도 하는데 어떻게 하지?

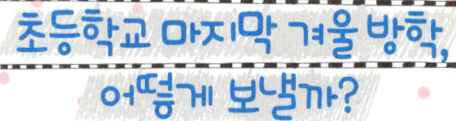

먼저 가족과 함께 여행을 다녀오는 건 어때?
부모님께 고민 같은 것도 이야기해 보고, 언니나
동생과도 즐거운 추억을 만드는 거야. 가족과 즐거운
시간을 보내고 돌아왔다면, 이제 방학을 알차게 보내기 위한
계획표를 짜 볼까? 초등학교 마지막 겨울 방학에 실천하면
중학교에 가서도 도움이 될 몇 가지를 추천할게.

1. 아침에 30분 동안 신문 보기
신문의 사설이나 칼럼을 꼭 읽고
스크랩해. 읽을 때는 빨간색 펜으로
서론, 본론, 결론을 표시하고 핵심
주장은 밑줄을 그어 두는 게 좋아.

2. 독서 목록 작성하기

중학교 국어 교과서에 어떤 책의 내용이 나오는지 미리 알아 둔 뒤, 그 책과 그 작가의 다른 책을 방학 독서 목록에 기록해. 또 여러 사람이 추천하는 책도 독서 목록에 넣어. 독서 노트를 만들어서 책을 읽고 난 후 책을 읽은 날짜, 책 제목, 작가, 출판사, 주인공 이름, 읽은 느낌 등을 독서 노트에 간단히 기록해.

3. 배치 고사 대비하기

배치 고사는 초등학교 때 배운 내용만 나와. 그동안 배운 것들 가운데 잘 이해가 되지 않았던 것들을 골라 원리부터 찬찬히 이해해 봐. 특히 수학이나 과학

같은 경우 저학년 때 배운 것이라도 잘 모르는 것이 있으면 꼭 짚고 넘어가야 해. 수학이나 과학은 피라미드 같은 학문이라 기본적인 것을 이해하지 못하면 앞으로 공부하는 내내 어려움을 겪을 수 있어. 방학이 끝날 무렵에는 문제를 많이 풀어서 시험에 대한 감을 익혀 둬.

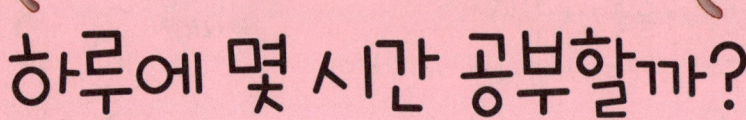

하루에 몇 시간 공부할까?

학교 숙제, 학원 숙제, 예습, 복습, 영어 공부, 수학 공부, 독서. 날마다 하기에는 공부의 양이 너무 많다고? 하루에 몇 시간을 공부해야 적당한지 모르겠다고?
이럴 땐 고민을 들어주는 마법의 수정 구슬에게 물어봐야지.
"모두에게 적당한 시간은 없음. 무리하지 말고 자신의 사정에 맞게 공부할 것."
'무슨 대답이 이래?'라고 투덜댔지만, 역시 자신이 공부할 과목과 양은 스스로 정하는 건가 봐. 수학이 부족하면 매일 30분씩 수학 문제집을 풀며 개념을 이해해. 영어가 부족하면 매일 30분씩 영어 공부를 하고……

하지만 날마다 꼭 해야 하는 공부가 있어. 바로 예습과 복습이야. 시간이 부족한 날에 예습은 하루 30분 교과서를 가볍게 읽는 정도로 해. 복습은 오늘 배운 내용을 꼼꼼하게 읽는 거야. 이렇게 하면 같은 내용을 3번 보게 되어서 오랫동안 기억할 수 있어.

잠은 하루 몇 시간이나 자면 될까?

우리나라 학생들은 잠이 부족하대. 특히 초등학생들은 너무 늦게 잠이 든다고 해. 사춘기가 되면 이전보다 총 수면 시간이 30분 정도 줄어들지. 잠이 줄었으니 그 시간에 공부하고 책을 읽을 수 있어서 좋다고? 하지만 너무 늦게까지 공부하면 오히려 성적이 떨어질 수 있어. 잠이 부족하면 집중력이 떨어지고 기분도 나빠지거든. 늦어도 밤 10시부터 아침 7시까지는 자고 일어나 상쾌한 기분으로 하루를 보내는 게 공부에 도움이 되는 길이야.

우등생은 잠꾸러기!

공부만큼 친구도 중요해!

마녀들은 공부보다 친구를 좋아해. 인간들도 그렇겠지? 좋은 친구는 무엇으로도 살 수 없는 최고의 선물이니까. 그런데 말이야, 지금까지는 우정을 함께 장난치고 노는 것이라 생각했다면 이제는 조금 생각을 다르게 해 볼까? 친구에게 믿음직한 친구가 되기 위해서는 내가 친구에게 어떤 도움을 줄 수 있을지 생각해 봐. 또 친구와 함께 의미 있는 일을 만들어 추억도 쌓아 봐. 친구와 함께 10년 뒤에 꺼내 볼 타임캡슐을 만들거나, 신나는 놀이공원에 다녀오는 건 어때? 아마 평생 잊지 못할 추억도 만들고, 더 끈끈한 우정도 쌓을 수 있을 거야.

이성 친구는 어떨까?
이성 친구를 사귀다 보면 공부를 소홀히 하는 일도 생길 거야. 하지만 함께 노력하면 성적을 쑥쑥 올릴 수도 있어. 그러기 위해서는 공부할 때는 따로 있는 게 좋아. 함께 있으면 자꾸 이야기하고 싶고, 놀고 싶으니까.

함께 읽고 싶은 책을 골라 각자 읽고 나서 나중에 만나 책에 대해 이야기해 보는 건 어때? 또는 박물관이나 미술관에 함께 가서 체험 학습을 하는 것도 좋아. 체험 학습이 인라인스케이트를 타거나 게임을 하는 것에 비해 고리타분하게 느껴질지도 몰라. 하지만 이성 친구와 성적을 한꺼번에 잡을 수 있는 비법이니까 한번 시도해 볼 만하지 않아?

우등생의 비결, 자신감

거울을 볼 때마다 나는 깜짝깜짝 놀라. 너무 예쁘고 귀엽고 깜찍한 마녀가 보이거든. 공주병이라고? 그래도 좋아. 스스로 외모에 자신감을 가지면 남들도 나를 더 예쁘게 봐 주거든.
그런데 그거 아니? 외모에 대한 자신감이 높아지면 공부를 더 잘할 수 있다는 것. 공부를 잘하는 데 가장 필요한 마음은 자신감이야. 자신감을 키우는 연습 중 가장 기본적인 것이 외모에 대한 자신감을 갖는 거야.

거울을 보고 내 외모 중 예쁜 부분을 찾아봐. 뭔가 모자라다고 생각되면 거울을 보며 "나는 참 예뻐. 눈도 예쁘고 미소도 예뻐."라고 날마다 말해 줘. 진짜로

예뻐지면서 외모에 대한 자신감도 높아질 거야. 하지만 외모에 대한 관심이 너무 많아 공부 시간에도 거울만 보고 있다면 곤란하겠지?
외모에 대한 자신감이 충분하다면, 공부에 대한 자신감도 연습해 봐.
'난 공부랑은 안 맞나 봐.'
'한 번도 상위권인 적이 없었어. 난 우등생이 될 수 없나 봐.'
이런 부정적인 생각은 멀리 날려 버려. 내 속에는 아직 발견하지 못한 재능과 아직 펼쳐보지 못한 놀라운 아이디어가 가득할 거야. 이렇게 자신을 믿고 당장 공부를 시작해 봐. 진지하고 열정적으로!

자격증에 도전해 봐!

내가 정식 마녀 요리사라는 얘기 했던가? '마법 수프 조리사 3급' 자격증을 땄거든. 나처럼 어린 마녀가 자격증을 따는 경우는 많지 않아. 하지만 어릴 때 딴 자격증이 나중에 요긴하게 쓰일지도 모르니 도전해 보는 것도 좋겠지? 초등학생이 딸 수 있는 자격증이 많거든.

1. 북아트

펼치면 멋진 성이 나오는 책, 책장을 넘기면 말이 달리는 책, 악어가 입을 쫙 벌리고 나를 잡아먹으려는 책 등 신기하고 재미난 책을 좋아한다면 북아트를 배워 봐.

2. 한자

한자능력검정 시험은 많은 초등학생이 보고 있어. 한자 급수를 성적에 넣는 학교도 있으니 한자에 관심 있다면 도전해 봐.

3. 컴퓨터

컴퓨터 활용 능력 시험, 워드 프로세서 등 컴퓨터 자격증이 있어. 이 자격증들은 당장 꼭 필요하다고 말하기는 어려워. 컴퓨터는 자격증보다 활용할 수 있는 능력이 중요하니까. 하지만 컴퓨터에 관심이 많다면 도전해 봐.

4. 한국어, 한국사

한국어 능력 시험, 한국사 능력 검정 시험 등은 국가에서 치르는 시험이야. 매우 어렵지만 우리 국어와 역사에 관심이 있는 친구들이라면 한번 도전해 봐!

5. 그밖의 자격증

태권도를 배운다면 단증을 딸 수 있고, 요리에 관심이 있다면 조리사나 제과제빵 자격증에 도전해 봐. 쉽게 딸 수는 없지만 꾸준히 노력하면 성공할 수 있어.

우등생 소녀의 사춘기

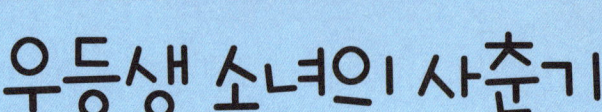

사춘기를 잘 보내야 좋은 어른 마녀가 될 수 있대! 하지만 갑자기 부쩍 자라는 몸과 마음이 낯설어서 감정이 들쑥날쑥해지고, 공부에 집중도 잘 안 돼. 어떻게 하면 낯선 사춘기를 행복하게 보내고 공부도 잘할 수 있을까?

1. 부모님과 대화를 많이 하자.

어렸을 때는 재잘재잘 부모님과 말을 참 많이 하는데, 사춘기가 되면 친구들 하고만 얘기하지? 부모님과는 안 통하는 것 같아서 자꾸 반항하게 되고. 사춘기 때 생기는 반항심은 자연스러운 일이야. 그렇다고 짜증만 내고 소리를 지르는 건 좋지 않아. 대신 반항하고 싶은 마음을 솔직히 털어놔 봐. 부모님도 사춘기를 경험했기 때문에 위로해 주고, 나를 이해해 줄 거야.

2. 내 몸의 변화를 잘 알자.

사춘기 때 생기는 몸의 변화, 당황스럽지? 누구에게나 일어나는 자연스러운 일이라는 걸 잊지 말고, 책을 통해 몸의 변화를 미리 알고 있어. 어색하고 당황스러운 마음이 줄어들 거야.

3. 혼자 있는 시간을 갖자.

사춘기 때는 '나'에 대한 생각이 많아져. 나는 얼마나 소중한 사람일까, 내가 죽으면 이 세상은 어떻게 될까 등의 생각 말이야. 음악을 듣거나 책을 보며 혼자 생각하는 시간을 가져 봐. 물론 당장 답을 찾을 수는 없어. 하지만 나 자신에 대해 알 수 있는 좋은 기회가 될 거야.

어떤 직업을 선택할까?

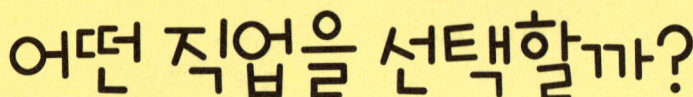

먹는 게 남는 거니까, 요리사가 좋겠어!

어른 마녀가 되면 마법 수프 요리사가 될까, 요리사 자격증을 발급해 주는 마녀산업인력공단 공무원이 될까? 공부를 잘하는 사람은 공무원, 판사, 선생님처럼 전문적이고 안정적인 직업을 선택하는 게 좋다는 말을 들은 적 있지? 하지만 공부를 잘한다고 누구나 의사, 변호사가 될 필요는 없어. 직업을 선택할 때에는 성적보다 적성이나 성격, 취미가 훨씬 중요하거든. 그래야 행복하게 살 수 있으니까.
또 지금은 인기 있고 안정적인 직업이 10년, 20년 뒤에도 안정적일지는 알 수 없어. 우리 사회는 아주 빠르게 변하고 있으니까.

나는 멋진 조각가가 될 거야!

나에게 어울리는 직업은?

1. 예술 계통에 재능이 있는 친구

상상력, 창의력이 뛰어나 음악과 미술에 재능 있는 친구들은 큐레이터(미술관 등에서 작품을 관리하는 직업), 영화 감독, 카피라이터(광고의 글귀를 만드는 직업), 작곡가 등이 어울려!

2. 활동적이고 정의로운 친구

경호 대상자를 보호하고 사고를 방지하는 경호원이나 비행기를 조종하는 일을 하는 조종사가 되는 건 어때?

3. 과학과 수학을 좋아하는 친구

호기심이 많고 집중력이 뛰어난 친구들 대부분이 과학과 수학에 관심이 많아. 과학자나 수학자, 소프트웨어 엔지니어 등에 도전해 봐.

4. 봉사 정신이 뛰어난 친구

친구를 잘 사귀고 예의바르다는 칭찬을 많이 듣는 친구들은 장애 학생들을 가르치는 특수 교사나 사회 복지사가 되면 보람을 느끼며 일할 거야.

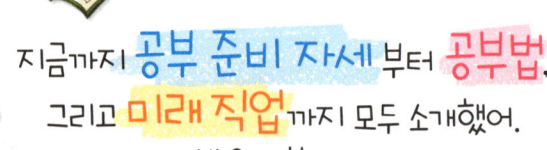

지금까지 공부 준비 자세 부터 공부법,
그리고 미래 직업 까지 모두 소개했어.
소개받은 기분이 어때?
두근두근 설레지? 소개받은 공부법과 매일매일 꾸준히 만나면
진짜 커플, 진짜 공부 일등 이 될 수 있어.

나, 깜찍 마녀가 공부와 데이트하는 네 모습을 보러
요술 빗자루를 타고 가끔 놀러 올게.
내가 온 줄 어떻게 아냐고? 네 책상 옆에 열어 놓은
창문 틈으로 상큼한 바람이 불어온다면,
그게 바로 깜찍 마녀가 왔다는 신호야.
꼭 기억해.

I ♥ 텐텐북스

텐텐북스

상큼발랄한 **우정** 이야기, 똑똑한 **공부법**,
패션·뷰티 센스 등이 가득한
소녀 학습 만화 시리즈!

현 **80**권

정가 9,500원

★글송이 텐텐북스 시리즈는 계속 출간됩니다.